日本の情報力の謎

THE MYSTERY OF JAPAN'S INFORMATION POWER

日本の公共外交への提言

ナンシー・スノー［著］
金子みどり［訳］

文眞堂

本書の構成は以下である。冒頭の「ブランディング・ジャパン」は、2018年12月17日に外国人記者クラブにおいて行われた講演の記録であり、その他は、ナンシー・スノー著『JAPAN'S INFOMATION WAR』（2016、以下、原書）の「Part1. Promoting Japan In The World」に収録されたエッセーの訳出である（一部は割愛している）。本文中で「本書で」「この本で」と言及されているのはこの原書を指す。また本文中の統計等の数値は原書執筆時のものであり、注も原書のものである。

I dedicate my book to the memory of

Prime Minister Shinzo Abe

and his lasting legacy for Japan and the world.

前文

貴女と必ず気の合う人がいるから是非会ってみてと友人に紹介されたのがナンシー・スノーさんだった。２０１４年、夫の駐在で私がまだワシントンにいた頃である。普段は静かでやや荘厳な雰気の大使公邸の玄関に明るく弾むような足どりの彼女が入ってくると、周りの空気が一斉に活気づくそんな印象の人だった。初めて会ったというのに、日本で暮らすアメリカ人のナンシーと、ワシントンに住む日本人の私が、日本の世界でのあり方を巡って話が尽きることがなかった。まるで長年の知己に会ったような気がした。その時以来、彼女は私の大切な友人になり、また折に触れて意見を求めるアドバイザーにもなった。

ナンシーと私が共通に抱いている想いは、日本という国がこれだけソフトパワーに富んでいるのに、それが充分に外の世界に伝わりきっていないというフラストレーションであろう。文化や自然の魅力は伝わりやすいが、日本人のパーソナルな意見や個性ということになると、果たして外国人に共感を呼ぶ形で伝わっているのか、今だにどこか顔が見えない存在なのではという苛立ちである。日本に長く暮らしていると、この社会の高い同質性ゆえにあえて言わなくても分かり合えることに慣れすぎて、異文化への効果的な発信をどうすべきという意識を持ちにくくなる。だから一層、外から客観的に観察するナンシーのような人の意見が貴重である。本文の中でナンシーは「ソフトパワーについて日本人にアドバイス出来る最良の人は日本人が見過ごしてしまう価値や、商品そしてサービスを認識しているグローバル人材です。」と書いているが、まさにこれがナンシーに期待された役割であろう。日本という奥深い文化の育てたユニークな個人の考え方や感性をもっと世界に発信していくこと、それがこれからの日本の世界に向けたパブリック・ディプロマシー（公共外交）の中心課題になると思われるからだ。

最近のナンシーはその活動をアジアに広げ、中国の清華大学でも教鞭を取っている。なかなか一筋縄ではいかない日本と北東アジアの関係だが、ナンシーのように比較文化の視点を持った人が、アメリカ、日本、中国という3つの国を跨いで対話の土台を築く橋渡しをくれることは実に心強い。ここも彼女と私の見解が一致するのだが、たとえ合意しなくともお互いに本音をぶつけ合って議論する中から理解の道を探ろうとする「対話」こそが今の世界には最も大切なのではないだろうか。相手との対決を避ける文化ゆえか、踏み込んだ議論をしない日本人を例えて、「日本の世界とのコミュニケーションは年に一度やってくる親戚のおばさんやおじさんとの心地」とナンシーが書いているのは言い得て妙である。国際的な場の議論は英語で行われることが多いから、文化的だけでなく、言語的にも多くの日本人にとって対話は得意科目ではない。でもここに参加することによって、より大きな日本の世界での存在感が生まれ、日本の世界でのリーダーシップを強化する礎になっていくのではないだろうか。

これらの点においてナンシーのこの本は現在の日本の課題を極めてタイムリーに提起するものとなっている。彼女の明るく人なつこい人柄とともに、この本のメッセージが、多くの日本人の背中をぽんと押して、世界で対話する人材を数多く輩出するきっかけとなっていくことを心から願っている。

佐々江 信子

2022年6月10日

日本の最も価値ある財産
それは日本人の皆さんです

日本の皆様へ

私から日本を選んだのではありません。日本が私に縁をくれたのです。

私は20年ほど前、首相官邸の招待により日本に招かれました。[1]

それはちょうどいいタイミングでその場所にいた、という偶然が引き起こしたものです。日本とは関連のない事業の打ち合わせに参加し、それが終了する頃には未知の地である日本に向かう準備を始めることを決意していました。

そもそもどこかに渡航する計画もありませんでしたが、遠く離れた興味深い国へ、しかも招待で、7月の3週間もの期間、連邦政府職員室の箱の中から飛び出せるなら、行くしかないと思いました（まさか東京の夏が、ワシントンＤＣの暑く湿度の高い夏に匹敵するとは当時の私は知る由もありません）。

様々な国を行き来する職種の私たちには、ある国に選ばれる場合と、自らが行き先を選択する場合とがありますが、多くの場合は後者です。

その場合、様々なことを考慮しなければなりません。その国の気候、安全性、何を学べるか、念願の観光地は、食事の体験は、ユースホステルから最も魅力的な5つ星ホテルまで、どこに宿泊するかなどです。

しかし最も大切なことは、私たちが何をしたいのかを渡航先の人々にどれだけ伝えられるかです。世界中を飛び回っている私の友人、キャロル・ローゼンブラットは、とても面白い方法でそれを行なっています。

彼女は、自分の旅行ブログ *Drop Me Anywhere*[2]（私をどこへでも連れて行って）で次なる旅先に対する投票を呼びかけ、自らの幸運（または不幸）をネット上の友人や知人の手に委ねるのです。

こんな勇気を持っている人は滅多にいません。一度彼女のブログを読んでみましたが、投票者たちは親切にもバリ島を次の目的地として選んでくれたようで、彼女のインスタグラムには、たくさんの椰子の木、寺院、小さくてカラフルな傘の飾りが添えられた飲み物で溢れていました。

自分が暮らす地域を中心に考えていた私にとって、日本は世界地図の中で思いつくこともましてや訪れたいと思ったことすらない場所でした。

私はアメリカの南東部で育ちました。生まれ故郷であるジョージア州オーガスタそして私の父方の生地であるアラバマ州タスカルーサとバーミンガム地区、要はディープ・サウスに自らのアイデンティティがあることを強く認識しています。

私が育った地域は、幼少期ミシガン州で過ごした6年程を除けば、ジョージア州からワシントンDCに広がります。

私は20歳になるまで、アメリカから出たことがありませんでした。大好きな両親、特に自分が生まれた直後に実の母親を失った母には、一人娘として大切に育てられました。

4人の兄を持つ末っ子の私は、よく兄たちにからかわれましたが、もう女の子は授からないと諦めていた母にとってやっとできた娘の私は少しばかり過保護に甘やかされていたかもしれません。

兄の一人は、学校行事の〝Show and Tell〟（何かを見せながら皆の前で説明する）で小さな妹の私を自慢してくれたことは今も大切な思い出です。父は、私がやりたいことをすべて許してくれました。もし今も生きていたら、私のこの放浪の旅も力強く応援してくれたでしょう。

20歳になった時、海外に行くことを決めました。サウスカロライナ州クレムソンにあるクレムソン国立大学の学生数名と2人のドイツ人教授と共にヨーロッパに行きました。[3]

米国商務省国立旅行・観光庁によると、メキシコとカナダおよび自動車での渡航が可能な北米の近隣諸国を除けば、ヨーロッパは依然米国人観光客に最も人気のある渡航先として約20％のシェアを占めているそうです。これに続くのがシェア10％のカリブ海諸国です。

アジアを訪れる米国人観光客はシェア7％を占めていますが、訪問客を増やすには、物理的な距離と文化的また言語的な違いが大き過ぎるように感じます。私がフルブライトの学者としてヨーロッパを再度訪れた時、母方のルーツがあるドイツを目的地にしました。

高校時代にドイツ語を学んでいたため、ドイツに1年間住んで国や言語を学ぶことは私にとって自然なことでした。

アジアは常に私の興味からは遠く、国際関係の博士号を取得したにも関わらず、大学でアジアの政治や文化に関する授業をひとつも取っていませんでした。

ワシントンＤＣにあるアメリカ大学国際サービス学科の博士課程では、冷戦時代の米ソ関係に焦点を当てていました。しかし全てを掌握していると思っていた教授も我々学生も冷戦がまさに幕を閉じようとしていたことを知りませんでした。

アジアを考える時、私がアジアについて考える時、私も使っていたソニーのウォークマンや日本車など経済的そして文化的な点が主でした。世界中の人々が使いたくなるような機能的なモノを製造しているというのが日本のイメージでした。

遠くから見る日本は、使い手である消費者にとって優しい存在でした。私は貿易保護主義に関する日本批判に関わっていませんし、ソニーの盛田昭夫氏と自民党の石原慎太郎氏によって書かれた『「ＮＯ」と言える日本』が示唆する、日本が次なる経済大国として米国を追い越すという予測に影響されることもありませんでした。

日本以外で興味を持ったアジアの国はベトナムでした。血塗られた僻地のジャングルの光景が、ルック&ライフ誌の表紙になって毎週のように私の家に届いていました。幼い頃の私にとってのベトナムは、長男と次男が東南アジアから生還するという嬉しい知らせを聞いて母親が涙している姿を見た時のほっとした気持ちとぼんやりとした記憶です。[4]

それはまるで「スザンヌ・スノーの息子たちは、こう着状態が続き先の見えないベトナムで、幸運にも血まみれた地獄のような運命を避けることができました。以上、ウォルター・クロンカイトでした」というCBSニュースを想像させました。

そしてベトナム戦争終結から18年後、博士号取得からわずか数ヶ月後に、私は日本に渡ることになりました。

当時私はワシントンDCにある米国情報局の大統領特別研修員として働いていました。[5] 大統領研修員計画は、連邦政府経営層の支部に所属しており、米国政府の上級職への登竜門でした。

私たちの多くは、義務とされる2年の研修を終えた後、次の任務に飛び立ちます。政府機関での仕事は夢のようなことばかりではありませんが、在任たった9ヶ月で別の任務に就く予定はありませんでした。

私はユース・プログラム部門に留まり、学術交流プログラムの参加資格を取得しました。日本については考慮していなかったのですが、ある時、青少年交換プログラムを監督する同僚が私の人生を変える質問をしたのです。「ナンシー、今年の夏、日本に行ってみない？」この一言が、首相官邸が運営する１９９３年期国際青少年村に参加するきっかけとなったのです。[6]

長時のフライトにも関わらず心地良い日本航空機内での体験は別として、日本との最初の遭遇は、強烈な印象を残した日本政府の情報共有に対する姿勢でした。

成田国際空港から待機していたリムジンバスに乗り、賑やかな新宿区にあるパークハイアット東京へ向かった時のことを私は決して忘れないでしょう。乗車中、2人の女性ガイドが、とても特別な国、日本で心地良く過ごすための行動規範を配布していました。

この行為が好意的な意図だったことは間違いないでしょう。初めて日本を訪ずれる人々が日常的なルールに違反し、私たちや迎え入れる側の日本の人たちが恥ずかしい思いをしないようにという配慮なのかもしれません。

しかし、私なりに受け取ったのは、訪問先である日本の文化になるべく早く順応しなさいというメッセージでした。米国民であり米国政府の役人である私から何かを学ぶということより、先ずは日本について日本人から学ぶことが先決であると受け取ったからです。

日本での情報交換は少々一方的なように感じられます。異文化コミュニケーションにおいて、受け取り手が一方的だと感じた時に対処できない状態になることが往々にしてあります。私は日本の環境に上手く対応していくためには、この国の文化に対するきめ細かい配慮が必要とされると感じました。

その1年後、私は日米リーダーシップ交換委員会代表団団長として、東京に2週間滞在しました。米国情報局では、2つの素晴らしい専門的交流の機会がありました。しかし同時に私はまだ日本と深く繋がっていませんでした。私と日本との関係は、一定の距離を保った知人関係といったところでした。

次に私が日本を訪れるまで、10年半が過ぎました。その間、私の最初の著書である *Propaganda, Inc.* と *Information War* が日本語に翻訳されました。漢字、ひらがな、カタカナを組み合わせた芸術的かつ豪華な表紙デザインに驚きましたが、日本語で著書が出版されても日本に戻りたいという考えには至りませんでした。

２０１０年に日本に帰るきっかけになったのは、またしても日本からやってきた偶然でした。東京の米国大使館がパブリック・ディプロマシーの専門家として私を探し出してくれたのです。そしてオバマ政権のパブリック・ディプロマシーを説明するために、米国国務省が後援する米国講演プログラム[7]に参加するよう要請がありました。

そこで日本人の聴衆と議論した課題には、オバマ政権の中東イスラム教徒に対する働きかけ、テロ対策におけるメッセージ性と実践における変化、ヒラリー国務長官によるソーシャルメディア、ソーシャルネットワーキング、インターネットの自由化の流れなどがありました。

私は沖縄、福岡、名古屋、大阪、東京で講演しました。長い間日本を訪問していませんでしたが、日米関係が東アジア地域において最も重要な二国間関係であるということ、そして文化外交、国際交流、訪問者に対するおもてなしなど日本が米国と共有すべきことが多々あるということを、多くの日本人との出会いを通して確信しました。

現在、私は日本で暮らすことを自ら選択し、日本の情報力の謎を説明すると共に私の友人でもあるカレル・ヴァン・ウォルフレン（Karel van Wolfren）の言葉を裏付ける目的の下、この本を書くことにしました。この本を何故戦争に関連付けているのでしょう。日本と世界との関係にまつわる物語とストーリーテリングの戦いにおいて、私は戦争を隠喩として使っています。

日本は地球上で最も魅力的な国のひとつであり、世界でもっと多くのコミュニケーションの共有、交換、影響力を必要としていると確信しています。また、日本自身のストーリーテリングに関する外からの評価に自信を持ち、もっと余裕を持ちリスクを取り、そしてクールジャパンやカワイイ文化、アベノミクスを超えていくことが必要だと感じています。

日本は、世界のパートナーでありリーダーにとして重要であるにも関わらず、国際的コミュニケーションが必要レベルに達していません。さらに、日本は政府や政治経済以上のものを持っています。一般の人々に関する情報が十分共有されておらず、委託されて伝達される上意下達な情報がほとんどです。かつて私がきめ細かい配慮を必要としながら暮らしていた文化的環境は、今や日本の人々の間で充満しているようです。日本の人々に、中央政府から送られてくるこの国の物語を一変させるような力がなくなってきているのではないかという懸念に襲われることがあります。

日本という国は、地理的にも驚異です。6852の島の内、人が暮らしているのはたった400程度。そして北海道、本州、四国、九州の4島が中心となっています。最もよく知られており面積も最大なのが本州で、東京、横浜、大阪、名古屋、神戸、京都などの都市があります。日本内外のほとんどの物語は、本州、さらには東京から発信されます。東京は、現在私が住んでいる場所です。

東京は世界の巨大都市の中でソフトパワーの標準となっています。グローバル都市のあるべき姿を想像させる魅力と輝きを放っています。パリが提供する最高の料理と同等またはそれ以上の優れた食、世界最大の首都圏鉄道を通じ毎日4000万人強の乗客を安全かつ効率的に運ぶ公共輸送、あらゆる場所で見られる現代文化と伝統文化の融合など、東京の鼓動はテクノロジー・オタクやコスプレイヤー[8]の想像の世界に広がります。とはいっても、秋葉原の電気街の混雑に巻き込まれたり、原宿竹下通りで猫の髭や耳飾りをすることまで期待している訳ではありません。

東京人は、他の大都市の人々と同じように日常生活を営んでいます。東京にある極端な物事を強調して伝える報道の傾向がありますが、私は、大都会での生活が如何に正常で予測可能であるかを感じながら生活しています。

日本は、北東アジア地域で最も地政学的に緊張した中にあり、経済的に豊かな1億2600万人が住む国です。人口が日本の半分の5000万人に満たないが、日本に匹敵する漢江の奇跡として知られている経済成長の軌跡を踏まえて、35年前の占領地、韓国の隣に慎重な趣で座しています。日本は、戦後の経済奇跡を象徴する東アジアの国でした。

1960年代に日本経済が成長し始めた時、韓国はまだ世界の最貧国に位置していました。今日、韓国は裕福な市場経済の中にあり、韓流と呼ばれる大衆文化は、世界的現象になっているだけでなく、これまで欧米大衆文化への関心で知られてきた日本でも益々人気が高まっています。日本の中年女性は、偶発的に日韓文化の仲介役となりました。日本人学者の武田淳氏は、「韓国ドラマや俳優への賞賛は、韓国人男性のポジティブなイメージとしてさらに広がりをみせている。日本の中年女性は、政治と経済の面で達成できなかった韓国との非政治的、草の根的なつながりを作り出した」とコメントしています。[9]

韓国は、世界のトップ3経済のうち2つに挟まれています。エコノミスト誌は、「20世紀に起きた戦争以前には、韓国はより閉鎖的な中日間の橋渡しであった」と述べています。[10] 私は、先のソウル訪問で、韓国が21世紀における日中の「民間外交」の架け橋となることを提案しました。

中国と日本は、経済的かつ国家的に競争力のある隣人同士であり、ロバート・フロスト（Robert Frost）の言葉を引用すれば、良質な塀を必要としているといえるでしょう。どちらも世界的なソフトパワーの発信者であり、中国は信頼と連携を確実に求めている一方、日本は文化的栄誉と外国人観光客による景気回復に満足しつつも世界に対する働きかけという意味ではあまり積極的ではありません。中国は、依然成長を暗示しており、一方日本は縮小を暗示しています。日本の人口は、２０５０年には現在の１億２６００万人から３０００万人減少すると見込まれていますが、中国の年齢構成は日本と類似するもその人口は13億６０００万人からある程度増加もしくは同等レベルを維持するでしょう。そして２０１０年、中国は日本株式会社として知られる経済の棺にもうひとつ釘が打たれたかの如く、日本経済を凌駕しました。[11]

日本株式会社は既に過去のものでも、日本は現在も世界の経済大国です。日本の存在が薄れている点は、情報と戦略的ナレーションの領域においてです。日本は、強靭な国家ですが、世界におけるコミュニケーション・パワーという点ではそうなれていない、なるべく存在になっていないということです。

私の経験を通して、日本が国際化や国際的コミュニケーションの領域で苦労していることが分かります。この状況は、ラテン語で世界を意味するMundiと難易度や煩さを意味する日本語のめんどう（Mendo）の混成語、〝Mundi Mendonication〟と呼べるかも知れません。

この言葉は、日本が独自の孤立した歴史の産物であることを指し、他者とのコミュニケーションを頻繁に調整する必要を持たない独自路線を守ってきたことにあります。そして日本独自の手法に誇りを持ち、多くの外国の介入により日本のアイデンティティが揺らぐことを案じていることを示唆しています。

日本では、グローバル化は時に困難で厄介だと認識されています。〝Mundi Mendonication〟は、日本語の〝Nomunication〟を仲介役に修正することは到底できません。〝Nomunication〟は、日本語の〝Nomu〟（呑む）とコミュニケーションを組み合わせたもう少し親しみやすい混成語です。米国独自の表現では、〝Nomunication〟は〝Liquid Courage〟と呼ばれています。

ここからは、日本が内向的な姿勢から独立を宣言し、平和と持続可能な成長ためのグローバル・プレーヤーになり、最も普及している第二言語としての英語からなるグローバル化から逃避せず、国境を越えた外国人観光客を多く迎え入れ、「ジャパン・ウェイ」だけではない世界基準をより取り入れていくための事例を掲げていきます。

日本は誇り高い国で、多くの変化を急速に受け入れるとは思いませんが、好む好まざるに関わらず変化は必ず起きますし、確実にそしていい意味で日本に影響を与えていきます。この本は、第二の故郷である日本への私からのラブレターです。

２０１６年７月

ナンシー・スノー

目次

はじめに

本書は日本がグローバルコミュニケーション活動において抱える課題と、それらが、日本の政策や価値観を支持する世界の人々への日本のソフトパワーによる情報提供、対話、働きかけにどのような影響を与えるかについてまとめている。

この本、*Japan's Information War*（訳注：原書のタイトル）では、日本の変化、挑戦、競争を取り巻く状態を暗示しています。戦争にはいくつかの意味があります。主に国家間の戦いと理解されますが、内部の人々が互いに競い戦うという状況も頻繁にあります。それは、米国で宣言しているように、政府その他の巨大組織が、危険であると見なされるもの、すなわちテロや薬物との戦いなどを敗北させるため組織化された努力を意味することもできます。

日本では、外からのイメージ、評判、物語、日本は何者なのか、日本はどこに向かっているのかに関わる情報とのせめぎ合いが続いています。この情報戦争には、政府上層部、産業界、そして路上の草の根の抗議者の中から多くの参戦者が関わっています。

この本を書き上げている間、私は安倍フェローと慶応義塾大学メディアコミュニケーション研究所客員教授として東京で生活をしていました。社会科学研究評議会の12ヶ月間の安倍フェローシップでは教鞭は取らず専任の研究フェローシップでした。この時以上に日本の世界的パブリック・ディプロマシー（公共外交）構想を研究する良い時期はなかったでしょう。

私の助成期間中は、東京2020年夏季オリンピックの発表、そして安倍首相のウーマノミクスの促進、そして安倍ブランドとブランドジャパンに重点を置いた安倍氏の復帰で埋め尽くされました。島々をめぐる領土紛争、靖国神社公式参拝、第二次世界大戦70周年における談話、国家秘密法、報道批判と監視、日本の平和主義的立場に挑んだ集団的自衛権の容認など、日本の平和主義的位置付けを揺るがしました。

2年間の研究で、日本文化やコミュニケーションの専門家、ビジネス関係者、日本をよく知る日本人学者や外国人学者と計数百時間にわたる会話をしました。彼らは私をよく教育してくれました。その代わりに、当時から今に至るまで、国家ブランド日本のグローバル化における課題と機会に取り組んでいる政府、学術界、民間の人々に対して解説することを依頼されるようになりました。

省庁関係者上層部であれ大学生であれ、誰と話しているかに関わらず、いつも私の専門知識は日本と世界の交差点に由来していると伝えています。私は日常生活に困らない程度の限られた語彙（私が克服しようとしている欠点）以上の話もできませんし、伝統的な日本文化や現代の大衆文化の専門家でもありません。

私ができる日本への貢献は、地球市民と教育者として、日本がより効果的に世界に取り組む方法を理解するのを援助することです。さらに、私はこのテーマに、世界の主要な政治的、経済的、軍事的、文化的代表である「他の」超大国を含む国家ブランディングに関する20年以上の経験を持つグローバル・コミュニケーターとして取り組んでいます。

米国外でより多くの時間を費やしてきた私は、新鮮な目と好奇心をもって、日本だけでなく他の国々を見ることができます。ただ、継続して対話（多分、お酒を酌み交わしながら！）に貢献することと以上に、この著書で書いている範囲を超えて、正当性や権威を主張するつもりはありません。

この本は、決定的な指南書というより対話を始めるきっかけだと考えてください。私は楽観的現実主義者です。日本人の多くは世界と関与していく選択肢を作ったと信じていますが、狭義な意味での政治や歴史的背景を超えたグローバルな双方向コミュニケーションにはもっと自信が必要です。世界で聞こえる日本からの声はあまりに上意下達であり広く届いていないのです。

私はそれを変えていきたいと願っています。そのための方法は、ビル・クリントン大統領の最初の任期中、米国情報局で働いていた時代からの任務であり、日本人が世界と物語を共有するように支援し続けることです。

私の主な論文では、日本の国際関係における熱意と戦略は、半分のガソリンで走る戦車だとしています。私の知る日本は、国外から入って来たものに対ししばしば謎めいた態度を示します。一方、日本はより多くの英語を使い、大学をグローバル化し、クールジャパンのキャンペーン、世界首都でのジャパン・ハウス文化コミュニティセンターを展開、さらには特殊能力を持つ外国人労働者を受け入れることが必要とされています。

また、軍隊を自衛的に、または米国のような同盟国と協力して使うことができる、いわゆる「普通の」国家として自らを改革しています。一方、日本のグローバルな場面でのコミュニケーションは、まるで滅多に顔を合わせることのない親戚と会った時にどう会話を進めたらいいか迷っているかのように、常にどこか堅苦しく不自然です。

日本人の心理には、依然として脅威的な感覚と「グローバル化と引き換えに私たちは何か失う」という疑念があるようです。日本はもはや日本ではなくなるという不安です。

過去の日本を案じることの問題は、歴史は再現することができないということです。自らの過去を認めたり、歴史に関連して謝罪することもできますが、それが何であったのか、何であったと理解しようとしても、そこに立ち戻ることはできません。平安、江戸、明治、それぞれの時代から学ぶことや知ることはあっても、私たちには今しかありません。

今こそ、日本がグローバルなリーダーシップを示せる時だと思います。同時に、日本の国家安全保障の概念を変え、国際的な武器貿易や軍事介入を可能にするようなことには賛成できません。私は米国人です。私たちは9・11以来、人命、経済そして評価などに多くの犠牲を払ってきました。もし日本がこれ以上米国を見習うならば、致命的な軍事介入による世界からの評価に対する責任を受け入れるにまたとない時期だと思います。

ここからの項目では、日本のグローバル・コミュニケーションの遅れを追及していきますが、大部分は、日本がすでに持っている自らの強みを完全に認識していないという指摘になります。日本が世界に伝えている内容の多くは、高齢化と人口減少、農村社会消失の脅威に悩まされ緊迫しているといったものです。楽天の三木谷浩史氏などが主張しているように、日本について重要なナレーションを日本が持つ素晴らしい精神性と品格を以て伝えることは、日本の産業に有利で経済成長を助長するだけでなく、限られた資源から価値を創造してきた日本から世界が学ぶことが必要と認識されることになるでしょう。

日本は良質な国として評価されていますし、事実そうだと思います。だからこそ私はここで暮らし働いていますが、配慮に欠ける今の一般社会で日本政府が単に良質であることにこだわっている訳ではないと思います。日本政府自ら、世界平和のためのパートナーとして、二度の被ばくを経験した唯一の国であるという独自の基盤を活かし人々に奉仕していくことを望んでいます。

独自性の高さを自ら謳ってきた日本において、憲法第9条は、世界と共有すべき日本憲法独自の特徴のひとつです。人口減少、限られた天然資源および不安定な自然基盤に直面しつつも、技術、ホスピタリティ、持続可能性における世界的リーダーのポジションを築き、戦争放棄の姿勢を維持し、世界で最も先進的な経済圏のひとつを忍耐強く築いた日本人の生存者そして犠牲になった人々の話は、まだまだ完全に共有されていない世界の不思議なのです。

私はこの本が、このような日本の物語をより良く、また誇りを持って、同時に隣国を刺激するような大声ではなく、滔々と語り続けることに役立つことを願っています。

BRANDING JAPAN

ブランディング・ジャパン

皆さん、こんにちは。きょうは、お忙しいところをお越しいただきまして感謝申し上げたいと思っております。

まず、二つ言葉を紹介するところから話を始めたいと思います。

ひとつ目は、ジョン・アクイラ（John Aquila）の以下の言葉です。

――今日のグローバル情報時代にあって、勝利するということは、軍隊が勝つとか勝たないというようなことを意味しない。誰がよりよいストーリー（物語）をつくるか、伝えるかということにかかっている。

そして2つ目は、ジョージ・オーウェル（George Orwell）の言葉です。

――自分の目先、鼻の下にあるものをきちんと理解して認知することは、実はなかなか一筋縄ではいかない。

私は、多くの日本人の方からの「プロモーションがうまくいかない」という言葉を耳にします。もしこの言葉が換金できるのであれば、私は大変なお金持ちになっているだろうと思うぐらいです。

もちろん日本のみなさんもプロモーションをやっていらっしゃいます。しかしながら、アメリカ人という声高らかにいろんなことを言うのが上手な人種に比べると、日本人は控え目でり、静かであるということなのでしょうか。アメリカでは、「ぎしぎしときしむ我あれば、そこに潤滑油が差される」という言われ方をします。これは平たく言えば、「欲しいものがあればそう言え」ということです。

ここで改めまして私のほうからみなさんに問いかけたい。「はたして日本はグローバル情報戦争に向けて準備ができているのでしょうか?」ここで私はあえて「戦争(War)」という言葉を使いました。この戦争という言葉は、「グローバルに繰り広げられる競争」ということを意味しています。このグローバルな過当競争の時代の中にあって重要なのは。ひとつの認知、知覚ということであったり、影響力(influence)ということであったり、イメージであったり、また人間関係ということです。

みなさんが財界を代表される一員であろうとも、政府の一員であろうとも、大学という教育機関にお勤めであろうとも、それぞれの皆さんの立場から、ストーリー(物語)を語っていただかなければならないのです。

ここで私自身のストーリーを御紹介しましょう。私の愛車はホンダ車です。この36万2000キロも走ったこのホンダ車の買いかえを検討していますが、次の車は、みなさんどこのメーカーだと思われますか? もちろんのことながら、ホンダ車です。私は、自分の信頼に応える車に対して大変忠誠心の強い、ホンダ車を愛する消費者だと思っています。皆さんがもし政府、官公庁、例えば外務省にお勤めであった場合には外務省の、物語を語らなければいけないわけです。その場合には、これは具体的・具現的なものではありません。無形のものです。車であったり製品、商品ということではない、抽象的な中で外務省としての物語を語る必要性があるのです。

例えば「アメリカ」を一言で物語るということであれば、実はこれはアメリカ人としていとも簡単に行うことができるわけです。アメリカというその言葉の響きが持つ派生的な意味合いである、「自由」（言論の自由、集合の自由、そして報道することの自由など）という言葉が「アメリカ」という言葉、それと同じ同意義を担っています。

では、「日本国」という言葉、この抽象的な「日本国」という言葉から得られる概念とは何なのでしょうか。「忍耐強さ」ということなのか、もしくは「完璧を期する」というところにおける実務ある取り組みなのでしょうか、それとも「社会的な調和」といったところがその日本国という言葉をあらわすことなのでしょうか。それがどのようなものであったとしても、明示的にはっきりと、多くの世界がそれを視覚的に捉えることができるように、具体的な事例をもってして、日本国はみずからの国を語らなければいけないのです。

私にとって日本のナショナルブランド、国としての日本国のブランドの魅力は、国民・国全体が平和を愛するということ、最高級の品質を追求するというそれだけの規律立った努力ができるということ、です。特に質という点では、サービスであったり工芸品であったり、もしくは建築、交通手段、そして料理であったり、さまざまな領域で最高の品質を来すというその心意気が日本国のブランドということのひとつだと私は見ています。

しかしながら、国際的な教育、特に学術界における大学のグローバル化ということになると、まだまだその極みを目指すための努力は残されているのではないかと思います。言うなれば保守的過ぎるという感がありますし、それにも増して、今までこのとおりにやってきたのだからそれでいいのではないかといったような思想にしがみつくという感じが、どうしてもあるのではないかと思っています。

もちろん、そういったような態度が悪いと否定するつもりは毛頭ありません。もし同じような日本人同士の輪の中でそういった昔ながらのやり方にしがみつくということであれば、それは決して悪いことではない。しかしながら、みながみな同じような背景の中で、同じような規律・ルールにのっとって生きてきたわけではありません。このグローバル化という大きな変遷というのは、カオス（混沌）であり予測不可能な未曾有な状況をも生みます。そこでは、柔軟的で適応力を持っていなければいけないわけです。最終的なエンドユーザー、その相手が何を求めているかということにおいて、適応力を見せていかなければいけないということです。大学の中でも、外国人の教員や生徒がいると思います。そういった方々に対して対応力を見せるということです。

まず海外の、日本人ではない違う国民のユーザーに対して、耳を傾けることが重要となってきます。そして、多くの海外の人たちは、日本人と同じように控え目ではなく、声を高らかにいろいろなことを言う人たちでしょう。しかしながら何か言うことがあるということは、そこからストーリーが編み出され、つむがれ、そしてグローバルなオーディエンスへ伝っていくということを意味します。

日本の大学を語るときに「私どもの大学では海外からの生徒が何人います」とか、もしくは日本に訪れたインバウンドの観光客が2000万から3000万近くまで増えたとか、そうした数字で語るということではない。厳密に言えば、これが国際化ということではないということです。外から来る人、訪れる人、海外からの学生に、自分たちは日本のストーリーの一部であるという、そういう共有感を感じてもらわなければならないのです。そのためには、そういう人たちを巻き込んで、包み込んでという言い方もできるかもしれません、簡単でもいい、会話を交わすというところからスタートしなければなりません。

ストーリーテリング（物語る）ということですが、いまだもってキャンプファイヤーの周りを人々が囲み、そこで揺らぐ火の影をそれぞれを映し出しながら、自分たちの物語を語る、それこそがストーリーテリング（物語る）だと思っています。私たちは、日本の人たちで海外でさまざまな経験をしてそして日本に戻られた方々、そういった方々のストーリーをより聞き、そして語ってもらわなければいけないのではないでしょうか。

■「日本の顔」として女性留学生

私が大変危惧していることが一つあります。というのは、日本に来る外国人学生の数は増えています。しかしながら、日本人が海外の大学に行く学生はどうでしょうか。21世紀になって、この数は減ったと言われています。しかしながら、減ったというのは全体の数字であって、海外に留学する日本人女性の数は実は増えているのです。

日本の顔、特に海外に向けての日本の顔と言った場合、海外に留学している日本人女性の顔というのが、今、海外にとっての日本の顔になってきています。日本の顔は「サラリーマン」ではなくなってきているということなのです。これは、私が言うところのジェンダー・ディプロマシー（ジェンダーにおける外交政策）という考え方では、このストーリーは本来であればもっと多く語られるべきなのではないでしょうか。

■批判に耳を傾け他者とのかかわりを保つ

ここでそれぞれの国がどういうソフトパワー（ここで言うところのソフトパワーというのは「魅力」と言いかえてもいいかもしれません）をみずからの価値として訴えることができるのかということを考えてみます。その言葉というのは、「エンゲージメント」という言葉だと思います。多くの人たちを巻き込む、そして自分がみずからその一部となるという「エンゲージメント」です。「かかわり」とも訳せると思います。

このエンゲージメントという言葉は、オープンであり、他者、外からの人たちが容易に自分とのつながりを構築することができる、身近に感じることができるということでもありますし、文化だったり経済だったり外交だったり、そういったものをシェアリング（共有）するという、そういう感じに満ちていなければいけません。日本は、疑う余地もなく文化的に豊かな国ですが、それをほかの人たちが自分たちに関連づけて身近に感じるという機会をつくらない限り、それは共有されることもありませんし、それをみずからの国の優位として使っていくということはとてもできないということです。

最近*Japan Times*に、国際化、特に大学の国際化でいかにしてパブリック・ディプロマシーの力を使うことが重要かを、中国と日本を比較しながら記事を書きました。

そこには、「中国というのはエリート対エリートの外交、そこに多くの力を入れている。現実に海外からの重要官僚そして重要人物などをもてなし、そして大学の職員や学生に及んではグローバル化を図りいろいろな国々に旅をしている。ここでは、やはりあくまでもより緊密な関係づくりというところに着目した中国のこれは政策であるということです。そして、中国から世界へ、そして世界から中国へということでのつながりが緊密になっているということが否めません」と書いています。

ここで着目すべきは、中国の都市が他の国の都市と結んだ姉妹都市契約の数です。2000年には、姉妹都市契約を結んだ都市が115%も増えたと言われています。アジア太平洋地域において中国が結んだ姉妹提携都市は950都市にも及んでいます。その中には日本のさまざまな市町村との姉妹都市が337もあるのです。

そのようななかで日本の都市と他国の都市との姉妹都市提携の状況はどうなっているのでしょうか。ひとつグローバルに大きく広がった話があります。それは大阪市の吉村市長が、サンフランシスコとの長年の姉妹都市提携を終えるというニュースです。この件については、BBCワールドニュースでも大きく広く取り上げられ、私もコメントを求められました。なぜ長年にわたっての姉妹都市提携を終えることになったのか。私はその理由をここで取り上げたいわけではなく、姉妹都市提携が終わってしまったということに言及したいのです。

この問題は慰安婦像が発端になったということでしたが、その中で、なかなか語りづらいストーリーをもあえてして、パブリック（公）の場に持っていって、それを語るということの重要性もあるということを私は申し上げたいです。そのことをせずして、大阪市は10ページにわたる書簡をサンフランシスコ市長に送りました。なぜ長年の姉妹都市提携をやめるのか、10ページの書簡でその理由を説明したのです。

私も手紙は大好きです。手紙を書くことも好きですし受け取ることも大好きなのですが、このケースに限って言えば、書簡を送るということは一方的なことであって、古い形でのコミュニケーションそれ以外何物でもないと思っています。せっかくの機会、対話ができる双方向の機会を失ったと私は思っています。

私はこのコミュニケーションという世界にプロとして25年間かかわってきていますが、毎日コミュニケーションの中で私はミスを犯していると思っています。しかしながら、効果的なコミュニケーションというのは、ある意味予測ができ得る範囲のことなのです。その中において、これをきちんと実務に落とし込んでいない、というのが問題だと思います。

ここで重要なのは、聴衆が、敬意を表されている、またきちんとみずから言わんとしていることが相手に聞こえている、届いている、そして理解されているという、そういうことが担保されていれば、必ずしもそこで合意に達するという必要性はないわけです。お互いに（mutual）平等にかかわっていく、互恵的な形でかかわっていくことができる、それが担保されていることが重要なことなのです。

日本人、また日本国というのは、多くの国の中でも突出して聞くという力にすぐれている国民性があると思います。相手の言わんとしていることに大変に耳を傾けて聞く。この部分においてはほかの国には抜きん出る余地はありません。しかしながら、これは日本国がすばらしい聞く力を持っているという話であって、グローバル・コミュニケーションにおいては重要な役割を担っているとは思いますが、ただ聞いているだけでは難しいということを言わざるを得ません。先ほど申し上げましたように、グローバルな世界の中においては、自ら積極的に外向きに外交的に働きかけを行っていかなければなりません。積極的（プロアクティブ）に自ら声を高らかに語っていかなければいけないのです。

日本は、海外によりオープンな形で門戸を広げることによって、多くを学び、そしてそこから日本の感性であったり感覚であったり理解であったりを高め、そして批判的な視点からの批評にも耳を傾けていかなければいけないのです。必ずしも耳障りのいいことでなかったとしても、それをオープンに受け入れるという要素、これを積極的に取り込んでいかなければならないのではないでしょうか。

人は、常に褒められて讃えられていたのでは成長することができません。違う意見を聞いてこそみずからが成長することができるのです。それが真摯に誠意のある評価であればあるほど、人というのは成長することができます。ウィリアム・フルブライト氏、彼はアメリカの上院議員で、外交関係の委員会のトップを務めていた人でありますし、皆さんもフルブライト・プログラムという国際的な奨学金プログラムの名前からよく御存知だと思いますが、フルブライト氏は、「国にとって最も重要な公務員というのは、規律をきちんと遵守する人であるが、それ以外に自分の批判をきちっとする、批評をする、その行為を行うことができる人だ」と言っています。

結局何を申し上げたいかといいますと、オープンな風通しのいい形のディベート（討議）こそが、お互いを尊重し敬意を表しながらも、合意できないものは合意できないものとしながら、一つのコンセンサスに到達する方法であるということです。このグローバル化の社会においては、自らのアイデア、自らのストーリーを多く広く世界に知らしめそして循環させるための大きな手立てであるということです。

■ストーリーの前面に立たなければ負け

カルロス・ゴーン氏のことについて一言申しあげたいと思います。このところの2週間、私の「ブランド・ジャパン」という講義の中で、ずっとカルロス・ゴーン氏のことを取り上げてきました。このことに関しては、日本株式会社は、ゴーン氏に対するさまざまな事象における日本のイメージというところ、そしてこの状況をどううまく把握するかというところで、残念ながら日本株式会社が負けているということは否めない事実ではないでしょうか。

今回ここにお越しのみなさまは、グローバルPRなどを司っている大変優秀なお偉い方々ばかりだと思いますが、言うに及ばずこのようなグローバルな環境下において、このような大きなテーマについては、ストーリーの前面に自分たちみずからが立っていかない限りは、これは負けなのです。ストーリーの影に隠れようとしても、これはどうにもならない。この事実をもう一度申し上げたいと思います。なぜならば、日本のみなさんは安全パイを狙ってしか行動されていないからなのです。日本においては、このような危機管理では、まずデフォルトとして余り出ない――要するに安全パイとして控え目にやり過ごす――ということが、多分暗黙知としての理解なのではないかと思います。これは私の予測です。これが正しいかもしくは間違っているか、時のみぞ知るということだと思いますが。

この問題で長く引きずれば引きずるほど、解決策を見ないというままにしておくということは、最終的に「私たち」対「その他」という対立構造を避けられなくなってくるということです。この場合における「私たち（us）」対「その他（them）」というのは、日本対フランス、日本対レバノン、もしくは日本対世界という対立構造にほかなりません。もしかすると、このゴーン氏の事件こそが、ネイション・ブランド・ジャパン（日本国家としてのブランド）というところで、今一番矢面に立っている事例かもしれません。

2週間ほど前に、ハーバード大学の名誉教授であるアラン・ダーショウィッツ（Alan Dershowitz）教授が公の場で、「私の多くのクライアントのみなさま、日本で事業を営むことを考えているのであれば、もう一度再考したほうがいいですよ」と言っています。今回のゴーン氏のあのような取り扱われ方を見て、日本で事業をすることをもう一度踏みとどまったほうがいいという公の意見すら出ているのです。

もちろんこのダーショウィッツ先生の批判、批評に対しては、2つの形で対応することができると思います。ひとつは、全く何もなかったように、それを棄却するというか払拭することです。「いや、日本の事業のことをアラン先生はまったくわかっていない。日本の文化のこともわかっていなければ裁判制度のこともわかっていない」と真っ向から否定する。

しかしもうひとつの選択肢としては、ダーショウィッツ教授の批判的な意見をひとつの視点として捉えて、これを自らの演習問題・課題として取り組むということもあるわけです。ダーショウィッツ教授の意見はひとつの意見でしかありません。もちろんアメリカの中にはいろいろな意見があるわけです。しかしながら、日本国外の人には、ともするとこうした形でこの事象が捉えられる、ということを考えて、このダーショウィッツ教授の意見をひとつのインサイト（洞察・見識）として捉え、これをてこに自らのストーリーを語っていくということ、これもまた可能な選択肢なのです。

やはり外を向くことによって、インサイト（洞察・見識）というのは得られるわけで、その得られたインサイト（洞察・見識）を踏まえて、世界に対して語っていかなければいけないのではないでしょうか。多くの日本の企業、大学、そして政府、官公庁が、日本防御者、日本を守ってくれる人（ディフェンダー）だけに依存し過ぎているということがあるのではないでしょうか。ディフェンダーと言われる防御してくれる人たちというのは、日本のシステムに組み込まれていて、そこの中で自分たちの生きる糧を得ているので、彼らに依存しているということであれば、世界に対して物語を語っていくためのインサイトは得られないと思います。

ここにお越しのみなさんのなかで、ゴーン氏の事件が、海外でどのように報道されているかを追っていらっしゃる方はいますか。ロンドンやレバノン、マニラ、オーストラリアといろんなところで記事になっています。このストーリーがどう語られているかを追っている方は、どれぐらいいらっしゃるのでしょうか。

つい先日（12月2日）の *New York Times* も記事を掲載しています。そこにレバノンの内務大臣のセキュリティ絡みのスピーチの中で語られた文言をそのまま引用しています。彼は、今のカルロス・ゴーンの苦境を踏まえて、「レバノンの不死鳥は、日本の太陽に焼き焦がされることはない」と発言しています。こうした言葉というのは、大変人の耳にすぐつく、そういった意味ではいろんな語り継がれやすい言葉なのです。これはレバノン人としての誇りであったり民族性であったり、地域性といったところを鑑みて内政大臣が言った言葉ですが、みなさんのなかには、「なぜそのような発言が」と思われる方も多いと思います。しかし、こうした意見が掲載されたということ、そしてそれは大変覚えやすい言葉であること、それらを鑑みると、そこからダイアログ（対話）を始めていかない手はないわけで、これに蓋をするという形でコミュニケーションを閉ざすというのは、とても有用な策だとは思えないのです。

もちろんどの国であれ、自分たちの国が一番です。民族中心主義ということの中においては、特に攻撃に遭えばみずからを守る、そういう対応をすることは当たり前のことかもしれませんが、ただ日本には、そういった意味では唯一欠けている部分があります。それは、日本においての真実を語るスピーカー、語り部が世界各国にいないということなのです。

日本のことを語る語り部がいないということですが、私の古くからの友人であり敬愛してやまない谷口智彦さんは、内閣審議官や内閣官房参与もお勤めになったことがありますが、この谷口さんは、常にCNNやBBC、*New York Times* などに引用される日本人であって、彼は日本のことを海外で多く語っています。言うなれば、自らを日本を語る召使として、世界に対して日本のことを語っています。また外務省にお勤めの四方敬之氏も私の古くからの友人でありますが、東日本大震災後、いかに日本が大きく被災し、また福島第一原発の事故についても、さまざまな事実を世界各国に語ってくださいました。

この二名の名前を挙げましたが、果たして日本国を代表する顔として、この二名だけでいいのでしょうか。ほかにもグローバルスピーカーはいないのでしょうか。日本の今のポジション（立ち位置）はどうなっているのか、それに対する日本の視点・視野はどうなっているのかを、多く世界に語りかけるほかの人はいないのでしょうか。

いないとなると、このお二人のクローンを作成するしかないということになるのですが（笑）、多分お二方は嫌だとおっしゃると思います。

そうであれば、やはり次の世代の人たちに、日本人でありながらも、いろいろな意見が混在することを不愉快に思わないで、そうした中でも十分に自分の意見を言えるようにトレーニングしていかなければいけないのだと思います。それは普通の会話という形でも、きちんとしたプレゼンテーションという形でもいいです。ぎこちなくても自分たちの意見が言える人たち、そういった人たちを育てていかなければならないのではないでしょうか。

谷口先生と言うのは、まさしく今申し上げたようなさまざまなコミュニケーションの手段を駆使することができる才能を持たれた方なので大変私としても敬愛していますが、実際谷口先生が慶應大学の教授であるということで、時には大学の先生のように講義をするように語りかけることもできれば、もしくはサウンドバイトにすぐとってこられるような、覚えやすいフレーズを生中継のテレビでも言える方です。いろいろな状況下において柔軟的な対応ができ、そしていろいろな形で日本を語ることができる方だと思っています。

現在は、2019年を直前に控えた年末ですが、みなさんに少し危機感をあおりたいと思います。2019年が来れば、もうすぐ先には東京オリンピックの2020年です。日本に来る多くの外国人の方とお話をする機会があります。初めて日本に来る方ともいろいろ話をするのですが、往々にしてみなさんが驚かれるのが、日本人と英会による会話が成り立たないということです。普通のコミュニケーションとしての英語がなかなかできない。日本はすごく豊かな国で、世界の中の日本の立ち位置も明確に確固として築かれている。そしてみなさんエリートの方々とお話をしたり、もちろん国際的なホテルに泊まればある程度の英語は通じるということなのですが、その中にあってして、ということなのです。ですから、ある意味これは逆説的な褒め言葉なのかもしれませんけれども。

その中にあって、私は、日本に住んでいて、しかも日本語はほとんどしゃべれないけれども、いろいろな人たちと身近に、そして居心地よく日本で暮らしているよ、という話をするのです。日本語がしゃべれなくても、十分に日本の中で楽しく、そして居心地よく生活することはできるのだと話します。

しかしながら、やはり英語を話すということ、英語は世界の共通言語であるということを認識しなければいけないのも事実です。国際的に事業を営んでいく、世界の最高峰の大学に行く、そこでは、やはりどこでも英語が共通言語として活用されているという事実は否めません。もちろんいい企業に勤める場合もそうです。日本でも、ホンダ、楽天、アマゾンジャパンは、既に英語を主体としたコミュニケーションを推奨し、もしくは英語だけを言語として使おうとしています。みなさんに心配していただきたくないのは、英語がべらべらであったとしても、いい日本人でいることはできます。日本人としての資質というのを失わなくても済むということです。

幾つか統計結果をここで御紹介したいと思います。外国語ということに関して中級程度の言語力を持っている日本人の成人は、12％しかいません。そしてＴＯＥＩＣテスト、英語をコミュニケーションとして使う上でのひとつ基準になっていますが、その平均値の６００点をとっている人が、日本人の試験受験者の８％しかいないという統計結果がでています。

日本での英語教育は、大体6年～10年間と聞いています。中学から始まって大学にまでということです。そしてＴＯＥＩＣテストを受講している人たちの46％（約半分）しか、日々英語を使っていない。そして日々英語を使っているといっても、１日の中の１～10％と言われています。

ではここで世界に目を向けてみましょう。世界の人口の72億人の中、5億人の人たちが、自分の母国語として英語を使っています。そして第二言語として英語を勉強している人たちが、16億人と言われています。ということは、このグローバルな人口の中において、それぞれの人と人とのやりとり、もしくは人と人との橋渡しだったりコミュニケーションで、5人のうち1人が英語を使っているいうことです。

もちろん英語を母国語のように扱えるかどうかというのはまた別問題なのですが、英語を使っていろんなことをなし得る、あるいはそれを唱えている国が約195カ国中101カ国です。英語でほぼほぼ普通の生活ができると答えている国です。書かれた書物であったりもしくは電子的なコミュニケーションだったり、今ではインターネットも、教育、特に高等教育や学術界で使われている言語もやはり英語です。

大きく差をあけられていますが、二番目に使われている共通言語は、フランス語です。おそらくみなさんは中国語と思われていたかもしれませんが、実は中国のエリート大学、例えば精華大学だったり北京大学だったり、あるいはエリート機関では英語で会話がなされていることに驚かれると思います。韓国のソウル大学でも英語です。

みなさん、ヨーロッパはお好きでしょうか。多くの日本人の方は、ヨーロッパが大好きな方が多いのですけれども、大都市であるロンドン、パリ、ミラノ、ローマといったところ、こういったヨーロッパ圏、欧州圏の市民の半分は、十分に普通の会話ができるといったレベルの英語を習得しています。

冒頭で、完璧を来すところが日本人としての美徳であると申し上げましたが、英語を学ぶ、第二言語を習得するということは、完璧にそれを話すということと、会話ができる、普通に流暢にしゃべることができるということ、これはまた別問題だと思います。私だって英語は母国語ですが、完璧にしゃべれているわけではありません。しかしながら、逆に英語がしゃべれてよかったと思うところは多くあります。英語がしゃべれたからこそ私の世界観は大変大きく広がりました。

そういった意味では、私がここで上から目線で指を振りながら、いやいや、私の母国語をみなさんがしゃべれるようにして下さいよ、ということではないのです。もちろんアメリカ建国のときに、ともするとドイツ語が選択されていたかもしれない。そうなってくると、ドイツ語が私の母国語であったかもしれないのです。ベンジャミン・フランクリンが公用語として何を選んだかということによっては、どうなっていたかわかりません。

英語がアメリカでの共通言語かというと、もしかしてそうではないのかもしれないという時代背景が今あります。私はカリフォルニア州立大学（カリフォルニアの南でディズニーランドに近いところ）で、長年教鞭をとっていました。そこの生徒の60％は英語を第二言語として学習した人たちです。60％です。私は英語をグローバルイングリッシュと改めて名付けたいと思います。GEと頭文字で言っていますけれども、このGE（Global English）にどれだけなじめるか。どれだけこれを活用できるかということなのです。

では、私が日本を語るときに、どういうストーリーを物語っているかをここで少しみなさんに共有したいと思います。

先週のことですが、私の国際関係論というクラスで講義をしました。このクラスは100％日本人です。その講義の中で、ひねりのある質問を急に思いついて、生徒にこう問いかけました。「みなさんがやりたいと思っていた夢のような仕事のオファーが来たとします。しかしその仕事をする（そこに就職する）には日本を離れなければなりません。その時には、その夢のような自分がやりたかった仕事をしますか」。ここでは具体的に何年間赴任とか給与はどれぐらいとか、そういう細かいことは全部省いて何も言いいませんでした。私は生徒たちに、自分はリスクをとるか、自分がやりたかったこと、愛してやまないこれをやってみたかったことなのだけれども、残念ながら地理的に国内で自分の家からは通えないのだ、そのリスクをとる準備があるかどうかということを学生に問いかけました。

そこで自信を持って「はい、その仕事につきたいです。やります」と言った生徒が何人ぐらいいたと思われますか。1名です。そしてその生徒は半分しか日本人の血が入っていない人でした。この結果は興味深かったので、次になぜこの仕事を受けないか、その理由を書いてもらいました。多くの学生は、「家族を置いていきたくない」というのがその理由でした。家族と離れたくないという中には、母親が病気だからというのもありました。変な話ですが、その学生は、母親が亡くなればそうしたそういうチャンスを受けるかもしれないとも言っていました。確かに母親が病気であることを考えるならば、そうした答えは妥当であると思いましたが、別の1人の学生は、「日本食が大好きだから、日本食が食べられないところには行きたくない」と答えました。ある意味、その学生さんの意見はもっともだと私も思いました。私もなるべくアメリカでは日本食は食べないようにしています。というのは、どれだけ日本での食事がおいしいかということが十分わかっているからです。

しかしながらその答えを見て私がはたと感じたことは、この回答には、私たちが行ってきた教育、特に若者への教育について、ひとつ示唆がある、ということです。そして、その責任の一端は私にもあると思ったのです。私は外国人で、日本の大学にグローバル化について講義する、学生を教育するために大学に雇われています。教室の中でも常々私は、若い20代の学生に、海外に行きなさい、海外で勉強しなさいということをずっと推奨してきました。しかしこの私の語り口、物語が十分に影響力を持たなかったということです。いかに未知の世界、いかに不確実性の高い世界が魅力的で、どれだけ力を持つものなのかということを、十分に物語れていなかった、これは私の責任でもあると感じました。

今は日本の料理の食材を売っている国々も多くあるし、いろんな国々で日本人のシェフを主体とした日本食レストランもたくさん出てきています。特に大都市であればそうです。私はその彼に、「いや、日本食のために自らの夢を捨てる。そんなことはあってはいけないよ。夢を追っても十分においしい日本食は食べられるわよ」ということを彼に伝えたいと思いました。

そこで私が思ったのは、日本というのは自然災害などに対しては、いかにリスクを回避するか、いかに人々の安全を守るのかに対して大変に力を注いでいます。そして現に日本は大変安全な国であるわけです。ただ、そこの部分に固執し過ぎてはいないでしょうか。人間関係においても内向きで、安全であることに終始していないでしょうか。私はそう自問自答せざるを得ませんでした。

日本は余りにも安全パイを狙い過ぎているのではないか、グローバルなパートナーに対してみずからを語る際にも、余りにも控え目過ぎないかと思うわけです。

私たちはこの日本の中にいて、日本がどれだけすばらしい価値観を提供することができる国かということは、語らずとももちろんわかっているわけです。そして世界も日本の文化や日本の伝統や、今の日本の近代化というところにも大変目を向けていて理解しています。しかしながら、世界はもっと日本人の口から日本のことを聞きたい。日本のことをもっと語ってほしいと思っているのです。もっと挑戦的に積極的にこのチャンスにかけて、自らのストーリーを語っていかなければいけません。自らを制約していたのでは、世界の多くの人たちにわかってもらうことはできません。この自らの制約のたがを外すことによって、日本のすばらしさをグローバルに共有していくようにする必要があると考えています。

そして、この日本の豊かなる資源の一番の源である日本人、この方々に捧げるために*Japan's Information War*（本書の原書）という本を書きました。日本国には、何十億、何百億といったまだまだ語られていないストーリーがあります。私は自らアメリカを出ることによって、自らの人間性、自分のおもしろさを大きく認識することもできましたし、豊かにしていくこともできました。自分になじみのない、もしくは新しい環境の中でミスを犯したことによって、いかに私が守られていたのか、そして保護されていたのかという現実を知ることにもつながってきました。毎日日本の中で暮らしていてミスを犯すたびに、そこから大きな学びを得て、そこが私のストーリーテリングの大きな源、糧にもなるわけです。日本というのは、私が自ら選んだ2つ目の故郷なのです。

ありがとうございました。

（2018年12月17日、外国人記者クラブでの講演）

PROMOTING JAPAN IN THE WORLD

世界に向けた日本の広報

この本は、私が日本語で伝えたいと思っていることの英語版（訳注：原書のまま）です。私の意思は、２０２０年夏季オリンピックに関連した緊急性のある、世界の国々への解説力、影響力そして関わり方について日本の関係者の方々に助言と教示を提供することです。

政治的文脈でいえば、パブリック・ディプロマシー（公共外交）や民間外交に呼びかける、つまり政府がどのように諸外国の人々に情報提供し、関与し、影響を与えるかということになります。説得の努力や対応が、いいね！ボタンや絵文字で日常的に表現されるiPhoneやソーシャル・メディア、ソーシャル・ネットワーク（Facebook、Twitter、Instagram、Lineなど）の世界では、継続的な評価と信頼性に関わる国の広報は限りなく国民の手に掛かっており、人的外交に変化してきています。

ある国の国民と別の国の国民を結びつけるための伝統的アプローチと非伝統的アプローチの両方を検討することが必要になってきています。私はこの研究対象として日本を選択しました。端的に言えば、日本が自国のことを世界にアピールしようとする努力が、成功しているとはいえずむしろ困難で厄介な問題となっているからです。私の研究目的は、日本のこの努力をより成功させ、またその負担を軽減することにあります。

世界で日本という国家ブランドのイメージをどう活性化させればよいのかという広範な議論から、2つの方向性が見出せます。日本のグローバル・コミュニケーション機能とその能力をどう改善するかについて事実に基づく説明を提示することです。私自身既にこの試みを実行していますし、もっと貢献できると思っています。日本という国家ブランドのイメージと情報戦争キャンペーンを、重要でまた論争的に位置付けていきます。

私は外交的でかつ時には勇気を伴う意見を述べることを目指しており、公に広く伝えなければならないと感じている懸念や批判に忠実であることを主眼に置いています。懸念は私のものだけではありません。私は、多くの日本人や役人が私と個人的に共有してくれたことの伝道師のようなものです。何度か、日本人、特に女性の知人から説得するような表情で「協力してください」と言われました。日本での試みが、1980年代に使い古された単語「ジャパン・バッシング」と混同されることは避けたいと願っています。さらに、私は勝手な救済任務のために西洋から来訪した女性でもありません。

この国を最も擁護できるのは日本国民の皆さん自身です。私のいわゆる外人（外国人、非日本人）としての特権には、与えられた地位に座するだけでなく、何らかのお返しをする責任が伴うと自覚しています。

私は、平和と紛争解決のための研究そして異文化間および国際的コミュニケーションの専門分野に特化した国際関係の領域で訓練を受けてきました。また、長年にわたりパブリック・ディプロマシー、世界の公共と報道、プロパガンダ研究において継続的な調査と執筆を行ない博士課程を歩んできました。

私は、政治文化に蔓延している実践と認識との相違点に非常に興味がありまた懸念を持っています。日本も例外ではありません。世界で最も軍事武装された地域のひとつに日本が位置していると同時に、「がんばって」や「がんばろー」に象徴される日本人の思想に繋がっている自然災害に多く見舞われ自然資源も貧しいことが相まり、結果これら相違点は特に不安定な状態となっています。英語では、それは忍耐力として解釈できるかも知れません。多くの日本人は、逆境に立ち向かう忍耐こそ日本の最高の美徳のひとつだと私に教えてくれます。私もそうだと思います。このポジティブな特質が、日本のパブリック・ディプロマシーと内政、すなわち受動性と悲観主義に役立てるのではないかという点を付け加えたいと思います。

日本の人々の、労働倫理、教育的備え（特に高校卒業時点）、そして与えられた仕事への献身さは世界に知られています。それらの点で、日本人は非常に活発に行動します。しかし、活発な行動（Activism）の別の派生語「イズム（ism）」という意味で、日本人はあまり備えができておらず、考えや興味すらもないように思えます。ただ例外は存在します。日本の右翼団体の活動は活発で、街宣車は、のんびりと過ごす観光客の目にすらプロパガンダとして焼き付けられています。しかし、民主主義のために不可欠かつ健全であると一般的に考えられている市民活動、すなわちすべての国民の利益のために社会的および政治的変化を求める民衆、という意味では、彼らが大きな影響力になるだけの人数には到達していません。

私は日本の高校教科書の専門家ではありません。しかし、戦時中の日本について不都合な部分が削除されていることで国家ブランドが危険に晒されている現状の中、日本では市民活動というものについて十分な教育や議論がなされていないのではないかと確信を持って問い掛けたいと思います。生徒たちが、社会とその「傷を含む全ての」歴史を完全に把握し切れていないのでは、自国の歴史に対しどのような行動を取ったり、包括的な物語を世界に伝えることを期待できるでしょう。

〝public〟は日本語で公共と訳されますが、この言葉は公的または政府が発信する情報の中で最も頻繁に使われています。一方、日本の公務員である政治家は、日々の生活の中で公衆よりも重要視されているようです。報道記事を観察し、どのようなストーリーが配信されているかを観察してみてください。国民は、法律の下、社会のために公衆として行動することが求められており、それ自体は間違いではありませんが、それに伴い社会構造全体に疑問を呈することをしないという傾向があります。この疑問を持たない姿勢が故に失っているものは、課題解決力、特に新しい考えを必要とする重大な社会的および政治的問題を解決する能力そのものです。

世界における日本のイメージと評価を向上させたいとすれば、日本国民の民主主義への参画は改善の余地があると思います。日本という国は、政治家や省庁や国会のような政治機関だけに象徴されるものではないはずです。日本人がどんな国民で、何を以て世界の国々と繋がっているのかという、より広範なストーリーは、まだ語られていません。

3・11からの5年間、日本国民は原子力政策、憲法改正、沖縄の米軍駐留に抗議するために公の場に現れました。日本の人々が政府に抗議すると、政府はまるで政治的課題か頭痛の種のように反応する傾向があります。お茶を啜って、バリケードを設定すれば、頭痛はなくなるかも知れません。お茶を口にすることは、日本社会における日常の秩序と公衆の礼儀であり、日本社会では政治が通常業務に戻る象徴でもあります。

２０１４年6月、一人の男性が安倍晋三首相の憲法改正案[12]に抗議し、焼身自殺を試みた時、その凄絶な光景がその場に居合わせた人々のスマートフォンによりソーシャル・メディアや外国メディアにより、広く報道されました。

日本で最も視聴されている公共放送局ＮＨＫでは、十分な報道価値はないと判断したかの如く、表面上ＮＨＫが自殺や自殺未遂を放送しないという理由で取り扱われませんでした。「焼身自殺した男性」の自殺未遂が非常に悲惨なかたちで象徴したのは、日本の平和憲法への支援であり、１９４７年以来、最も永続的な国家ブランドとして第9条[13]に示されている平和主義、平和を愛する反戦国である日本という国でした。

彼が国民として抵抗したこの行為は、国民の望みをほとんど無視して永続している日本の政治体制に対する、抑圧された欲求不満の怒りでした[14]。彼は火をつける前に、世界で最も交通量の多い公共交通機関が集中する新宿で、「私がここで命を落とせば、我が国が行く方向に抗議する声がやっと届けられることになるでしょう」と語り、生涯で一度の一大行動の光景を繰り広げていたのかも知れません。テンプル大学日本校アジア研究学科ジェフリー・キングストン（Jeffrey Kingston）教授は、四半世紀日本に住み、自殺が政治抗議の最も特別な行為であることを見てきましたと説明しています[15]。

ＮＨＫが男性の政治に対する抗議を報道から除外したことは、ほとんどの日本人が、日本放送協会（ＮＨＫ）を日本政府の放送組織として認知していることからも理解できます。しかしＮＨＫは、政府の代弁者ではないはずです。日本の衆参両国会は、ＮＨＫの巨大な年間予算（２０１５年度では２２５億円）を審査し承認しています。国会はまた、ＮＨＫの12人の理事を任命しています。しかし、ＮＨＫの運営資金は、テレビを所有する人たちから集金する受信料のみから提供されています。ＮＨＫは、英国放送協会（ＢＢＣ）と同様、公的放送局として資金を提供されているため、政府による日常的な監督はないはずです。エリス・Ｓ・クラウス（Ellis S. Kraus）が述べているように、「ＮＨＫは独立した放送機関であり、少なくとも規約上では、民主的な世界ではおそらく最も自由であろう。ＮＨＫの立場を特徴づけるとすると、政府から自律的であると同時に政府に対する責任があるということかも知れない」と説明しています。ここで強調しておきたいのは、政府からの自由な自律という点でしょう[16]。

今日、ＮＨＫは国内外における日本を代表する放送局として以前より増して高く評価されていますが、政府の監督、特に安倍政権のより対立的政策の一部として政府放送局としての評判が高まっています。世界に向けた日本のコミュニケーションにおいてＮＨＫが中心的存在にあるのはこのためです[17]。日本が世界的なプレイヤーになることを望むなら、独立系放送局であり、グローバル国家としての日本を明確に示してくれるＮＨＫワールドを旗艦放送局としてより可視化していく必要があるのではないでしょうか。

現在、台湾、インドネシア、ミャンマー、タイそして最近ではフィリピンで、現地語の字幕表示と共に再放送されている２０１３年放送の連続テレビ小説「あまちゃん」のような人気番組の地域的需要があるにもかかわらず、日本の旗艦放送は、グローバル化という意味でその道は遠く、今後も引き続き険しい道のりになるのではないかと思います。[18]

以下では、日本がより広くその門戸を開き、より長い架け橋を築く方法について話したいと思います。日本が世界に提供できる価値は多大です。しかし、このことを自覚していないのか、謙虚過ぎて言葉にできないのか、どちらかでしょうか。私が米国人として、また単刀直入に話す者として、日本を誇り高く語ることに何の躊躇もありませんが、だからといって親日家や日本の応援団と共に活動するという安易なことをしても、私をこうして迎え入れてくれているこの国にいいことはあまりないと考えています。正直な評論家であることは、友情を示す最良の方法だと思います。日本は世界に対し、国家ブランドを責任を以て積極的に拡大する必要がありますし、秘密裏に国を守り続ける必要はないと思います。

JAPAN'S INFORMATION WAR WITH ITSELF

自らとの情報戦争

初めて来日する外国人には、日本人や日本という国についてほぼ教科書通りの筋書きが準備されています。日本人は、親切でオモテナシ文化の中で暮らしていて、こちらから要求したり行き過ぎたコミュニケーションを取らなくても他人のお世話をすることを大切にします。日本は安全です。そして特に、東京・大阪・京都などの都市での滞在が中心の観光客には過ごし易い国です。日本人は人助けもしてくれます。コミュニケーションの難しさはあっても、ホテルや最寄りの地下鉄の駅への道案内をしてくれます。日本は便利です。どこでも温かいまたは冷やしたコーヒーを手に取ることができ、セブンイレブンまたはローソンでは直ぐに食べられるスパゲティディナー、おにぎり、サラダなどを買うことができます。特に日本の人口のほとんどが集中している大都市では、生活における快適さが常に存在しています。海外からの訪問者も一般市民も、儀式的な予測可能性を備え、摩擦のないまるで水中にいるような環境で一緒に泳いでいるように見えます。多くの外国人が日本語をしっかり理解することなく何年もこの地に留まることが可能になっているのも、このような環境があるからでしょう。

国内そして世界における現代日本のイメージの二番目の象徴は、恒常的に保持している安全記録を持つ日本の新幹線で、負傷や死亡の無事故記録やマグニチュード9・0の地震時にも故障が発生しないという記録を2011年3月11日金曜日の時点で塗り替えました。外務省で日本のパブリック・ディプロマシーを担当する友人は、私が3・11の1年後にフルブライト・プログラムのため来日した際、これらの統計を喜んで共有してくれました。それは、三重災害（地震、津波、原発事故）に見舞われた後、数週間そして数ヶ月の時間を経ても、多くの人々が忍耐と敬意の下に行動したという、日本の誇りというべきものでした。

日本では、列車が遅延しないだけではなく、少しの遅れがあれば車掌が詫びを述べそれを態度でも示しますし、このことは現代と伝統的日本、新しいものと古き良きものを統合している結果です。新幹線を使えば、東京から京都市内中心部に簡単に行くことができ1600にのぼるの寺院と17の世界遺産を訪ずれることができます。日本では、古きものは人だけではなく、文化や国家のアイデンティティーとしての誇りでもあるのです。

対照的に、米国では、比較的新しいものも最新のものに取って代わられる傾向があります。数年おきに新しい車を購入するのは珍しいことではありません。ニューハンプシャー州で何度か雪に見舞われた冬の後、初めて南カリフォルニアに転居しましたが、南カリフォルニア出身の友人は、「カリフォルニアでは運転している車で評価される」ため、新しい車を買わなければならないと真剣に助言してくれました。私は失笑するしかありませんでした。私は当時より1998年製のホンダ車を運転しており、クラシックカーとしての価値がいつか認められるであろうことを楽しみにしています。何といおうと、ホンダです。30年乗ればクラシック・オールディーズとして認められるのです。私は築104年になる米国の職人が建てた家も所有していますが、その歴史と変遷に感謝しています。しかし私たちが米国の過去をどのように評価しているかは、絶対的ではなくかなり相対的なものです。

米国中心の傾向は今現在に結びついており、絶え間ない調整と協調を保ちながら変化し続けています。先祖が残した遺産が、日本列島が初めて人が住み始めた3万5000年前に遡る日本のような国が、過去に想いを馳せ、そして過去から引き継がれた道程というものが意識されるのは自然なことでしょう。

日本は、外観的には非常に西洋化され、そして教育や文化の面でも西側（米国、英国、フランス）への傾倒が見られますが、個人レベルでのより深いコミュニケーションとは異なり、観光客と旅行ガイドの間の表面的なやり取りを観察すると文化的相違は明白です。一例として、何百万人もの中国人観光客は、主に買い物の場面で接触している訳で、文化的側面での案内役や調整役を果たしている可能性は低いということになります。

個人レベルで話をすると、短期滞在者は、日本の人たちがどんなに丁寧で親切で、微笑んで迎えてくれ、とても穏やかに感じるかについて語ります。これらの観点は正確だといえます。しかし、表層的な美しさからより深く掘り下げていくと、中には同意できないことや議論すべきことがあるかも知れませんが、そこまで掘り下げることは、日本で長期に在住している外国人には非常に難しいことでもあります。表面的であっても事を荒立てないことの方が一般生活の中でより重要だとされているため、異議があっても、そのことを持ち出すのは難しいことなのです。

日本では、最も重要だとされることのひとつに「体面を保つ」、英語で〝saving face〟と言われるものです。この「体面戦略」は、恥ずかしさや屈辱、または自分の評判に対する汚点を避けるように設計されています。

日本人であれば、よく分かっているこの現実は「建前」として知られていますが、これははるかに大きな社会という環境の中に位置付けられています。特に職場や公共の場やそこでの出会いにおいて、個人の日常生活を牽引するものです。

「建前」についてはカレル・ヴァン・ウォルフレンの著書『日本／権力構造の謎』の中で、「物事の表現方法、表面的動機、形式的真実、表層的、偽装、物事のあるべき論」などと記述されています。建前が、日本の調和への献身的姿勢であり日本人の精神を支えているからこそ非常に重要ですが、同時にグローバル・コミュニケーションにおける課題でもあるのです（古来の国の名前「大和」は「大いなる調和」を意味します）。

建前の反対は、人の心の中にある真実、「本音」です。実際の気持ちや意図である「本音」は広く共有するものではありません。なぜなら、本音を語ることは人間関係の中で誰かの体面を損なう状況につながる可能性があるからです。このように和を尊重しないということは、日本人的ではなく、厳しい非難の対象とも成り得ます。

一般的な話にはなりますが、西洋人は「はっきりものを言う」ことを重視し育てられており日本の人たちに驚かれることがあります。私は、幼少時から正直が最善の方策であり、必要なことがあれば声を上げなさいと教えられました。また適切な言葉を選ぶことは、「錆びたホイールに油を挿して潤滑よくする」ということだとも教えられました。真意を知ってもらわなければ、周囲から見過ごされてしまうでしょう。自分の本音を知らせることが争いにつながる可能性もありますが、私たちは多くの場合、考えを封じ込めてしまうことで将来的により大きな問題として勃発するより、自らの考えを伝え理解を得ることがより良いと考えています。

日本では、事を荒立てないのが最善の方針だとされているようです。外国人であれば、日本人よりもはるかに広い表現力を用いることが許されているようですが、控えめではっきりとものを言わないことに対する日本人の愛着を理解しておく必要があります。暗黙のうちに推し量る、いわゆる「空気を読む」という言葉が好まれるのです。

アレックス・カー（Alex Kerr）は著書『犬と鬼―知られざる日本の肖像』の中で、「人々は、公衆の調和を保つため、逆説的な事実に直面することを避け本音を隠しておくことが重要だと信じ、建前を保つよう努めている」と語っています。

本音と建前の二分法は、多くの学術論文やワークショップ、特に日本人が商取引でどのように交渉するかについて議論をもたらしました。ちょうど日本のバブル経済の崩壊直前の頃、私は大学院である経験をしました。交渉の場で日本人が着けている「仮面」に関連し、公に発言されている点とそうでない点そして実際に何が起こっていることとの相違などが多く取り上げられたのです。ジョン・ピルガー（John Pilger）氏は1987年に「日本は仮面の国です。仮面の後ろに潜む事柄を学ぶことは日本の文明を理解するための前提条件です」と語っています。

この西側が抱える日本とのコミュニケーションの課題は、今日も続いており、2004年のジョナサン・ライス（Jonathan Rice）の著書『日本人のまっかなホント』に書かれています。ビジネス上の関係性を、直接的、効率的そして要点的に判断している西洋人は、日本の情報交換を取り巻く、疲弊するほどの社会的義務に苛まれているのです。

日本の現在の政治的コミュニケーション環境では、本音と建前の二分法は特に困難なものになっています。圧倒的な影響力を持つ政治家、安倍晋三首相は、アベノミクスとウーマノミクスを報道にも分かり易い形にし、自らを日本の新しい象徴として世界に発信してきました。しかし、安倍氏は、第一期では就任のわずか1年後の2007年に首相を辞任しており、2012年12月に始まった第二期こそが自らの新しい道を見出していく出発点だったといえるでしょう。彼の政治的復活は、世界に日本を印象付ける意味では良いことですが、彼の狭義的思考や民族主義的な政治観は、開放的で民主的な現代社会を裏付けるものとはいえないと思います。

安倍氏は、日本の中心的流れの中で、余りある影響力を持ちロビー活動を展開する「日本会議」という無味乾燥な名称の組織の「特別顧問」です。彼らは、第二次世界大戦における日本の帝国主義について、高度に国家主義的かつ明らかに修正主義的な立場を取っています。戦時中の日本を東アジアの解放者とし、決して占領者ではないという見解すら持っています。

日本会議は、時代遅れで平和主義的な憲法を廃止し、軍隊を強化し、愛国的かつ伝統的な家族の価値観を教え、尊ばれ崇拝される天皇の帰還を望んでいます。この組織は、米国の日本占領と憲法における戦争放棄が、日本の衰弱期を作ったとして新たなる憲法の創設を見据えています。[19] 誇りと秩序を回復するために政治的な筋力を備え続けることに終わりはありません。一般的には、日本の国会議員の3分の1そして安倍内閣の半分が日本会議のメンバーだと予測されています。

私が知る日本人の非常に多くの人々が、反動的かつ保守的姿勢を取っているこの組織を重要視していないと個人的な会話の中では言いますが、礼儀作法を重んじる人たちの前で同様の意見を発することはないでしょう。彼らは私が日本を観察している部外者、そして時には評論家であることを知っているので、本音に基づく感情を共有することは心地良いのかも知れません。より広義なグローバル・コミュニケーションの観点から言えば、日本は引き続き建前を優先しているといえるでしょう。

一方このことは、3・11から2020年に向け、日本の世界的広報に適切であるとはいえません。長年日本に在住し日本国籍取得者でもあるデビート・アルド（Debito Arudo）氏は、この主張が一般的に企業や政府の不正行為に関連している点に危機感を表しており[20]、特に福島第一原発の真実を取り巻く環境での足かせになっていると説明しています。

最も信頼できないと思われている職業は何でしょう？　もちろん、政治家です。政治家は自身の生存のために、自分の本当の気持ちとは別に、人々が聞きたいことを言ってアピールする人格として見られるからです。これはまさに、建前が日本社会に及ぼしている影響です。人を政治家に変え、真実を曲げて聴衆に合わせ、支援を得たり批判や責任から逃れようとします。

アルド氏は、福島第一原子力発電所の放射能の実態について人々が偽ることになったことにも建前が関連していると言っています。何者かを批判に晒さないための強力な力は、最悪の場合、実際に何が起こっているのかを十分に伝える代わりに、情報の非開示と隠蔽につながっていく可能性があります。

DECONSTRUCTING COOL JAPAN

クールジャパンを分解してみる

日本には、エンターテイメントやポップカルチャーの魅力による世界に対するソフトパワーがあります。「クールジャパン」は、原宿、ロリータなどのファッション、AKB48などのJ－POP女子グループ、漫画、アニメ、アニメキャラクターを基にしたコスプレなどでも知られる業界です。近年のクールジャパン・キャンペーンでは、海外の若年層を中心に、商業的な人気文化産業として注目を集めています。日本には世界的な関心を集めている伝統文化と現代文化の両方がありますが、クールジャパンには日本発のエンターテインメントを通じて世界の若者文化の魅力を席巻する21世紀型の特出した魅力があります。

日本政府は、2004年の「外交の青写真」で「パブリック・ディプロマシー」という言葉を初めて使用したとき、ポップカルチャーを世界の人々への外交戦略として使用することを正式に採用し始めました。もちろん日本文化のアピールは何十年も前から始まっています。第二次世界大戦後の日本は、ハード・パワーを行使することができなかったため、主に米国やASEAN諸国に対するソフト・パワー（例えば、対外援助、文化外交、人的交流）に頼ってきました。日本の青年海外協力隊（JOCV）によるプログラムは1965年に始まり、米国の平和隊を手本にしました。日本の文化外交のもうひとつの基礎は、日本の外国青年招致事業（JET）です。また国際交流基金は1972年に設立され、国の文化外交と交流活動の調整役をしています。

1970年代半ばに、タイのバンコクとインドネシアのジャカルタで、田中角栄総理大臣に対する反日暴動が起こった後、日本は国家イメージ・キャンペーンを開始し、福田ドクトリンでは東南アジアと「心と心のつながり」を再確立することを約束しました。日本財団の予算は1億5000万ドルを超え、23カ国に24の海外駐在員事務所を構え、福田ドクトリンから始まった強力な文化外交アジェンダを追求し続けています。2000年代半ばまでには、日本は大衆外交の大部分をクールジャパンと文化外交（日本財団）に委ねてきました。

1990年代に始まった国内経済の低迷にもかかわらず、日本は大衆文化を通し、依然として現代的な文化的商材の需要増加によって特徴付けられた超大国の地位を保持していました。2002年に発行されたダグラス・マクグレーの外交文書（日本の総国民クール）は、日本が景気後退の最初の10年を迎えている最中に、文化を筆頭に掲げた方策を促すのに役立ちました。

官民協同で発足したクールジャパンの海外需要開拓キャンペーンは、最も洒落た街、東京六本木ヒルズにある海外需要開拓支援機構本部で、私も出席した開所式が行われた2013年11月25日に正式に発足しました。クールジャパン機構の創業者である太田伸之氏[21]は、機構のミッションが「民業補完[22]」であるとして以下のように語りました。

私たちの役割のひとつは、「地方から世界へ」という理想を推進することであり、そのために、全国で作られたすばらしい製品を発掘することを目指しています。これらの製品を販売する企業が海外に事業を拡大することを奨励することにより、全国の地域社会の活性化に貢献することができます。

これら地域社会をより健全な経済状況にすることができれば、日本の美しい町や村を訪れる外国人訪問者が増えることでしょう。訪問者は帰国し、日本人の生活様式、文化、おもてなしの素晴らしい経験について他者に伝え、おそらく日本全体のイメージ改善に役立つことでしょう。

クールジャパン機構有識者委員会（以下、「委員会」という）は、2014年に次のような調査質問から始まる報告書を発行しました。(1)クールジャパン商材の浸透度は？ (2)効果的な情報発信のあり方は？

彼らが出した結論は、全ての日本の商材の需要が明白であるにも関わらず、日本自体の海外キャンペーンの動きが遅かったということでした。

失敗に終わったという認識は次のように報告されています。「クールジャパン関連事業において、現地の消費者等の購買意欲を掻き立てたり、好印象を与えたりするためなどのように情報発信すべきか、効果的な情報発信のあり方が確立されていない」（注：平成26年度我が国経済社会の情報化・サービス化に係る基盤整備【最終報告書】）。

「日本人は皆、『より良い世界と人々の利益のために』という言葉を聞いたことがあります。世界の共感を得ることは、日本人が古くから本来持っていたものです」。こうしてクールジャパンというミッションの原則が生まれました。日本は、世界が抱える課題に、創造的な解決策を提供する国です。

修辞的に言えば、委員会は、クールジャパンについて、一方的なコミュニケーション戦略はほぼ失敗に終わることから、一方的な国家ブランドの促進ではなく、世界的な課題解決を図るウィン－ウィンな文脈で報告しています。

最も注目すべきは、「日本が直面している問題は、他の国々でも確実に起こる」という認識でした。これには、急速な高齢化、地域社会の消滅、食糧供給、世界資本主義に関連する環境問題などがあります。そのために、クールジャパンは、世界を支え、日本のグローバルイメージを高める革新的なソリューションを提供するという貴重な目的を持っているのでしょう。

クールジャパンの計画目標は、「国際社会における自発的創造性を十分に発揮するよう国民的運動を促す」という流れを創出することです。しかし、それはどのように行われ、どのような結果を期待しているのでしょう?

クールジャパンのウェブサイト（http://www.cj-fund.co.jp）にいくつか参考になる項目がありました。

例えば、海外のジャパン・チャンネル、米国の日本茶カフェ、シンガポールの日本食の街プロジェクトなどがあります。最後のプロジェクトには「日本の豊かな食文化に親しみを感じ、日本料理のファンを増やし、日本への来訪者数を増やすドミノ効果」が期待されていると語っています。

ジャパン・チャンネルは、既存の海外チャンネル〝Wakuwaku Japan〟を運営しているスカパーJSATとの合弁会社であり、AKB48のコンサートや海外視聴者向けドキュメンタリーの放送を担当しています。

クールジャパン機構のプレスリリースによると、この合弁会社は、「番組の自主制作に積極的に取組む等、『日本の今』が発信できるような番組編成及び内容の一層の充実を図り、視聴者の期待に応えていきます。また、現地に根付くプロモーションとして放送事業に関連したイベント・物販等の事業も強化します。例えば、Jリーグクラブと現地チームとの親善試合の開催、J－POPアーティストが参加する音楽イベントの開催及び関連商品の販売、日本のファッションやトレンド紹介番組に関連するイベント・物販事業等に積極的に取組み、様々な産業の海外展開を先導してまいります」と説明されています。私見ですが、より多くのAKB48コンサートが期待できるということです。

委員会の報告書に掲載されている提案のひとつは、クールジャパンを別の名前またはフレーズに置き換え、英語圏の人たちの意見をもっと聞くということでしたが、これには私もまったく同感です。

自らを「クール」と呼んでいること自体がクールではないと感じられるため、クールジャパンの代替え案を提示すること。英語圏の人たちの意見や国内外からのフィードバックを聞き、日本のブランド価値を簡潔に表現し日本人も誇りを以て使用できるフレーズを提案する。

A・T・カーニーの梅澤高明氏はクールジャパンの戦略担当であり、クールジャパンは「リミックス文化」を受け入れ、海外の人々が日本について発見したいと興味を持っていることに焦点を当てようと呼びかけています。

日本は歴史の中で、古代の朝鮮半島や中国から、後にヨーロッパから、そして大戦後はアメリカと、外国の文化を広く取り込み、それらすべてを日本の文化に昇華させました。曲をリミックスするＤＪのように、日本は文化をリミックスし新しい価値を創造し続けています。このダイナミックなプロセスには、異文化の要素を継続的に導入し、文化の多様性を維持していくことが不可欠です。

「日本的」という考えをあまりに強く押し出すことで、海外の人々が関心を持っていることを無視し、自らが「正しい日本のコンテンツ」だと考えるものを推進してしまうかも知れません。単に質の高い日本の商材を海外の消費者の前に並べるだけでは、世界市場で成功するには十分ではありません。それにはコンテンツの絶え間ない革新とその価値を伝える効果的な編纂能力を必要とします。[23]

梅澤氏は、私がお会いした人々の中でも群を抜いて国家ブランドについて深く理解されています。国のブランド化は、企業と同様、世界に向けたプロモーション商品として扱うことに影響するプロセスです。国民感情を支えるためにも、ブランディングはグローバルな広報の一環であり、思慮深く考察された戦略や行動計画を必要とします。日本の課題は、このような戦略が策定されていないことにあり、また目標や評価値も定義されていないということです。

国のブランドは、個人の人格のようなものです。それは単なる「顔」のようなものであり、日本人、米国人、マレーシア人など、「我々国民は」または日本人は、と打ち出した時に生まれる矛盾を合理化する働きがあります。この合理化ができなくなった場合、失敗に終わってしまいます。国家ブランドは絶対的な意味で決して完璧ではありません。改訂することが必要になる場合もありますし、矛盾を解決していかなければならないこともあります。後者はより良い選択肢であり、そこで示される価値は有効であり、矛盾も解決されていきます。

日本の課題は、世界に対する促進キャンペーンに常に関わっている人たちが、いつもながらのハローキティやJ－POP（大衆文化）などの「ピンクソフトパワー」[24]や少し難解なおもてなしなどのメッセージに陥ってしまいがちだということです。経済学者の池田信寛教授は、日本のサービスとして漠然と理解されているおもてなしは、他国では移入し難いと説明しています。理解すべきことは、明確な期待を以て訪れるグローバルな消費者です。

おもてなしが他国に導入可能かという質問に対する答えは、日本語が語源である「改善」にあります。師匠と弟子の関係のように、生産者と消費者の長きにわたる学びの関係性は、相関的パラダイムといえます。つまり生産者と消費者は、理解に必要な経験、知識、知性、洞察力を得るために、常に互いから学ぶ必要があるということです。[25]

東京に拠点を置くフィリップ・ブレーザー（Philip Brasor）氏が見ているように、海外の観光客が「日本独自」の中に入り込んだ時、伝統的な日本旅館のようにおもてなしが融通の利かないものになってしまうことがあります。

旅館でのおもてなしの考えは、客は何も要求する必要がないため、他人の領域に入り込んでいると感じることもないだろうということかも知れませんが、多くの訪問者は旅行する際、食事や睡眠の旅程を自ら設定することを好みます。旅館に泊まることは、豊かで特別な体験ですが、ほとんどの外国人旅行者にとって、また私が知っている日本人にとって、一度の経験で十分のようです。[26]

東京２０２０年を目前にし、おもてなしを語ることは、中国、韓国、台湾、その他の北東アジアの近隣諸国との競争がなかった時代、世界共通の認識の中にあった日本にとっては懐かしいものでしょう。かつての日本のメッセージは大胆かつ誇りに満ちていました。

盛田昭夫氏がソニーの社長を務めていた時の「私たちは創造的でスマート、あなたの人生をより良くするためにモノづくりをしています」という世界に向けたメッセージを思い起こしてみてください。そして生まれたのが〝It's a Sony〟です。最初のウォークマンの発売から６年後の１９８５年、盛田氏はアメリカン・エキスプレスの広告に登場し、1971年5月10日のタイム誌の表紙は、ソニー製テレビに映った彼の顔と「日本のビジネス侵略にどう対処するか」という不吉な見出しで飾られました。記事中では、祖国の国家ブランドイメージを変えていく人物として描かれています。[27]

1953年、盛田昭夫という若いビジネスマンが、苦戦していた彼の小さな家電会社の輸出に関する見通しを調査するため、初めて海外渡航しました。彼は、米国とヨーロッパの洗練された市場で、"Made in Japan"という言葉が、安っぽく馬鹿にした意味だったことにショックを受けました。しかし、オランダについて、「風車や自転車が多く見られる農業国ですが、優れた品質の商品を生産しており、世界的な販売力を持っていました。私は、日本人もできるのではないかと思いました」と語っています。[28]

盛田氏は日本初のブランド王者の一人でしたが、今日ソニーの世界市場におけるシェアはトップではなく、中国や韓国の影になっており、彼の遺産はほとんど忘れられています。盛田氏は忘れられてはならない人物です。彼は英語を上手に操り、世界中を旅し、日本が契約社会であり、合意形成や信頼性の重要性を印象付けたことで、人々は日本人が友好的で勤勉で協力的であると結論付けました。車のバンパーステッカーには「日本人：良心的。結果を出す。良いものを作る」と印刷されていました。

その後、ナショナル（パナソニック）の創業者である松下幸之助氏が、人々が必要とするものを生産する上で、日本企業における社会的責任の倫理を促進していきました。この時代の日本文化は、ハローキティのようは世俗的でカワイイ、口も感情も無いものではなく、魔法のようで畏怖の念を抱かれるようなレベルに達していました。彼らのような産業界のリーダーの時代、日本は世界中の人々が本当に欲しいものを作り出しただけでなく、武道、陶芸、禅、着物など、人間の精神を高める伝統的な日本文化の魅力も育んでいました。

現在、おもてなしが抱える課題は、宿泊施設のサービスを平たく表現したかのような言葉を理解させようとして、多くのマーケティングや広告に携わる人間が、世界に向け注釈しようとしている点にあり、松下・盛田両氏のような企業人が作った時代の魔法がすべてかき消されている点にあります。両氏は、日本が世界とどう繋がっているかを理解し、自らの言葉で語ることができました。

日本はその魔法のような特出した個性を失ったようで、未成年者のセクシュアリティを原型とし、日本の洗練された個性を打ち消してしまうようなＡＫＢ48に代表されるＪ－ＰＯＰ歌手を売り続けていれば、海外で波及したとしても、そのことで失われたものを取り返すことすらできなくなってしまうでしょう。コスプレがどこでも見られるように、暴力的な漫画やアニメもどこにでもあります。リラックマがすべてではありません。

NATION BRAND JAPAN: BEYOND COOL

国家ブランドとしての日本：クールを超えて

いずれにしても、日本は一体いつ頃から「クール」になったのでしょう？　日本は、*New York Times*やダグラス・マクグレイ（Douglas McGray）が「日本の国民総クール量」という発想を思い浮かべるずっと前からクールでした。バブル期以前、ソニーの盛田昭夫氏がタイム誌の表紙を飾った頃、誰もが「日本の奇跡」を語り、米国企業は日本の組織理念を模倣しようとしていました。

この頃、日本の武道や漫画やアニメとともに、寿司が注目され始めました。日本は再建を果たし、その技術力は他に追従を許さず、そして平和で非暴力的な国家であり、人生をより良くしようと願う国として定着していきました。クールブリタニアのように、世界中の日本人気は、マーケティングの助けを借りず、文化そのものから派生し、実際の成果に基づいたものでした。

日本食は人気がありますか？　はい、いくつかの種類の日本食、最も明らかな寿司やBenihana（紅花）の鉄板焼きなどは世界的人気があります。しかし、タイ、メキシコ、インド、スペイン、中国などの料理も人気があります。日本食の人気は、日本文化というより、民族料理の全体的な人気に関係していると思います。例えば、カナダのバンクーバーには多くの寿司レストランがありますが、多くは韓国人と中国人が経営しています。

すべての国家ブランドの特徴は、聴衆が待ち望んでいる物語そのものです。それは日本にとっても同じです。日本のブランド・ストーリーはまだ物語として十分に語られていないと思います。日本の物語はクールジャパンでも、人々を通じても伝えられていません。誰かを市場に出すには、先ず、意志、価値観、道徳感、情熱をはじめとした人となりを、第一章から中盤そして最終章までの物語として伝えていかなければいけません。そして、それらは真実に基づくものでなければならないと同時に、絶対的で力強く、魅了する程の細やかさで聴衆にアピールする必要があります。

クールジャパンには、個の意識に訴える物語がないのでうまく機能していません。大量消費の目的では一般的で商業的な物語は存在しますが、必ずしも個に対して魅力のある物語ではありません。クールブリタニアは、広告業界やブレア支援者の注目を集める前の真の物語だったことで成功しました。一方、クールジャパンは政府官僚や広告に牽引されています。広告では、「かっこいい」コピーだと思われるものを探し、そこに連動するコンテンツが集められました。「私たちはどうしてかっこいいの？　ああ、米国人は寿司やアニメ、漫画が好きですよね。それはそうでしょう」。しかし、そこに物語は存在しているでしょうか。英雄は誰？　悪人は誰？　物語はどうやって始まりましたか？　そこには、どんなチャレンジがありますか？

クールブリタニアには、真実の物語がありました。ビートルズ、セックス・ピストルズ、リチャード・ブランソンなど実在の英雄たちが、体制と闘い、自由や平等に欠ける社会で自由と平等を見つけ出し、新しいものを創造していきました。若者文化が、進化論的で革命的であることを強く訴えました。時は60年代でした。そしてトニー・ブレアにより幕が下ろされました。

もちろん、日本にも物語があります。ただ誰もそれを語っていないと思うのです。すべての芸術がそうだったように、クールブリタニアには反体制的物語を必要とされ、平等主義的であり、既存秩序を実際に破壊するという政府機関にはやっかいなものでした。それは一見よくできたビデオゲームのようですが、より大きくて複雑なものでした。一般的にアニメ、漫画、そして日本のアートに散りばめられているにもかかわらず、クールジャパンには反体制的物語は皆無です。クールジャパンは、アニメやマンガ、あるいは小児性愛をテーマにしたガールズバンドの出現の根底にある物語やストーリーを軽視しています。日本の大衆芸術は、暴力、セクシュアリティ、退行、逃避など、従順で、ある意味権威主義的な社会で求められる特定のテーマによって支配されています。しかし、クールジャパンはそれらのテーマが存在しないかのように、「クール」に「リラックスして」とやり過ごしているようです。

合意主義社会として知られる日本で、『火の鳥』という不死鳥の物語があった1970年代と異なり、現代日本に、「ナショナルストーリー（国家の物語）」がないというのは皮肉な話です。少なくとも火の鳥は、無限の力をもって上昇する日本を想像させるものでした。アニメネットワークでは、火の鳥について「すべての巻が、人生が永遠の始まりであり、終わりのないサイクルだという教訓を教えてくれます」と説明しています。

事実、クールジャパンを監督する安倍政権と経済産業省は、日本の経済的・社会的不平等に打ち勝ち、根底にある文化的不満を解消するため、「クールジャパン」と命名しました。しかし、今回、日本のゴールデン・トライアングルのエリートが、世界のエリート層に加わろうとしていることが挙げられます。これらクールジャパンの管理人たちが属する部族は、一般の人々が属する部族とはほど遠いものです。

日本には多くの肯定的なものが存在し、権力ある地位にいる象徴的な人たちがいます。確かに松下氏はその一人でした。安倍政権にとって問題のひとつは、マーケティング、社会科学、コミュニケーション、広報、パブリック・ディプロマシー、あるいは広告ですら十分な訓練がされていない多くの人々から、この国の「ソフトパワー」が持つ影響に関わる指示が出されていることです。そして、彼らは文化的なことから目を逸らす傾向があります。彼らはまた、反体制的な人よりも追従者に多く耳を傾ける傾向がありますが、広く興味を惹く組織を形成したり世界に向けたコミュニケーションを確立していくには両サイドに目を向けることが必要です。

ソフトパワーについて日本人にアドバイスできる最良の人は、日本人が見過ごしてしまう価値や商品そしてサービスを認識しているグローバル人材です。グローバル人材は、文化的に教養的で無駄なことに目は向けず、有効なものを手にする傾向があります。彼らのようなグローバルな遊牧民に耳を傾けてみましょう。

キム・カーンが歌った *Bette Davis Eyes* という古い曲があります。日本のソフトパワーを世界と近づけるために曲のタイトルを *Foreign Eyes* に変えてみましょう。日本人にアドバイスするための最適な人は、外国人だけに限られる訳ではないですが、多くの場合、海外からきた人間です。日本人が当然のこととして慣れ親しんだことを理解した上で、他の世界では文化的にあまり重要視されないであろうことを排除してみます。もし、私がクールアメリカを実現するとしたら、先ず米国人以外の人とグループを形成するでしょう。

外国人の目や耳という意味では必ずしも日本の専門家である必要はないので、外務省の新たなパブリック・ディプロマシー構想であるジャパン・ハウスは、標準的な政府規格のソフトパワーよりはるかに有望だと思います。プログラムを決定するのは、現地事務局、民間や非営利団体の専門家、コミュニティリーダー、ジャパン・ハウスのあるコミュニティに精通した人たちです。[29]

日本政府が日本の大衆文化を海外でより成功させたいと考えるのであれば、普遍的な文化が現状の平凡なレベルを上回る条件を作り出さなければならないと思います。

日本人が高品質の製品を生産することは当然のこととして理解されています。しかし、何故50年代から60年代に掛けて制作されていた心に深く刻まれるような映画が、制作されなくなってしまったのでしょう。人口が日本の5分の1のオーストラリアの方が、今でははるかに優れています。また、日本のテレビドラマは、何故、感覚を押し込めてしまうような傾向になっているのでしょう。

ニュージーランドは人口500万人程ですが、日本よりも映画やテレビ撮影のロケーションや物語に優れているようです。なぜ、日本の大衆音楽は世界のトップ100にすらランクインしていないのでしょう。フィンランドも人口わずか500万人ですが、国や民俗音楽を通し、これらの国と同等もしくはそれ以上の結果を出しています。

私は映画愛好家ではありませんが、ジョン・フォードとヴィム・ヴェンダースのような世界で有数の監督に影響を与えた小津安二郎と黒澤明作品のファンです。

2012年に上智大学のフルブライトとして教鞭を執りましたが、小津監督の古典的映画『東京物語』をはじめて見ました。学生に、家族の争いや世代間の分裂という普遍的な題材について話す中、私のようにこの映画に感動したか学生に尋ねました。彼らは、意味が分からないといった表情で私を見ていました。同様に、黒澤監督は画家であり、映画のシーンを絵画としてストーリーボードにしていたという背景についても誰も知りませんでした。

日本の教科書から、日本の戦時史を抹消しようとする傾向がありますが、日本映画の黄金時代以上に、若者と彼らのいる世界を再活性化させる授業があるでしょうか。

日本には豊かな才能と創造力がありますが、行き場に困っているようです。決定権を持っている人たちの大部分が東大、早稲田、慶應義塾などの出身で、四年制の経済学や政治学の学位を持ち、限られた数の著書を読み、飲み会や社交の場に多くの時間を費やしているように思えます。

論点を主張するため少々誇張してしまったかもしれませんが、各教科課程で学んでいる内容や、偉大な作品から学べる知性の追究という点においてあまり感心していません。杉本良夫氏は日本の大学を「執行猶予（モラトリアム）」と表現し、次のように説明しています。

日本の初等・中等教育は高度に訓練された生徒を生み出している一方、日本の大学は多くの若者にとって休息地または「遊園地」のままです。受験地獄で精神的にも肉体的にも疲れ果てた後、彼らは大学生活の中でゆったりと、楽しみながら転換をはかっています。平均的な大学生は授業外の勉強に1日平均34分を費やしており、中学校や高校生はそれぞれの最終学年で平均約1時間10分を費やしています。日本企業は大学で何を学びどれだけ学業に努めたかというより大学の偏差値を基準に大卒を雇用するため、日本の大学生は怠惰に過ごすことができます。[30]

２０１５年夏、文部科学省は、日本が必要としている問題解決、討論、哲学、批判的思考などの能力開発を加速化することを正に必要としている時、人文科学と社会科学を骨抜きにする提案をしました。より良い国家を作り出すには消費主義と資本主義を推し進めた経済活性化のために必要だと言わんばかりに、文部科学省は「実践的」かつ「職業的」ニーズにもっと焦点を置くことを望んでいました。凄まじい抗議の後、当局は当初の宣言を取り下げましたが、既に提案そのものが傷を生んでしまったと思います。検証されない人生、それがどのような道へ導くかを私たちは良く分かっているはずです。

公平を期すために申し上げますが、映画やテレビ業界が限られた企業によって支配されている米国の文化的影響も理想的だとはいえませんが、ケーブルテレビを含む数え切れないほどの放送局があり、豊富なコンテンツが求められるため他国からの輸入を余儀なくされるという競争環境は日本よりずっと厳しいといえます。

また、サンダンス映画祭やドキュメンタリー、独立系映画の活気ある動きがあります。日本ではあまり見られないレベルのものです。日本の大衆文化は、多くの料理番組やテレビショッピングなどが一般的庶民の嗜好を満たすように一極集中しているように見えます。日本の人口の半分以上が、関東と関西の2つの大都市圏に居住しており、これらの市場向けの番組制作が源になっていることも一因でしょう。

企業利益中心主義から、より独立したメディア環境がこれからも整わないとすれば、日本の価値観に支えられた文化、すなわち合意と協調の上に構築された社会調和と社会契約の観点から日本を紹介することに焦点を当てるべきだと考えます。

これらの社会契約は、村社会の基本的価値であり、誰も放置されず、すべての人が守られることにあります。社会的不平等が高まれば、これらの価値は徐々に損なわれていきますが、まだ効力は残っていると感じています。

これまで、日本はあまりにも多くの文化を商材として普及させてきています。文化を「宣伝販売する」ことは難しい、だからこそ物品販売のように扱うのではなく、本質的な価値を訴求していくことが重要です。日本文化の本質に触れる機会を提供する必要があるのです。

これは島国として存在してきた日本には少し難しいことかも知れません。日本の製造業は、各市場の子会社に宣伝とマーケティングを任せる傾向があります。一方、本社のマーケティングは、信頼性、組織力、効率性、技術開発などの企業価値に焦点を置いています。

企業文化は、グローバルアイデンティティとしてそれが普遍的またはほぼ普遍的であるという観点から、一般的な認知と理解促進に最も適しているといえます。

米国には、自由の女神やラシュモア山のような普遍的なアイコンがあります。

生命、自由、幸福の追求は、米国の国家ブランドのスローガンであり、必ずしも国の姿勢や行動がそれらの理念に合致しない場合があっても、世界を超越して刺激を与えることができます。理想(Ideal)を発想(ideas)のように掲げることは、依然として重要なのです。ソニーの古典的な広告コピー〝It's a Sony〟は、日本全体にとって素晴らしいスローガンでした。誇り、独創性、創造性、そして高い地位を、教訓的なメッセージなくして、同時に表現していました。

それはソニーの文化であり、世界と繋がっていました。ウォークマンを買うときに、日本人との親密さを感じなかった人がいるでしょうか。私のような音楽愛好家が音楽を携帯できることの楽しみを与えてくれた日本に感謝していたことを今も思い出します。

盛田氏亡き今日の日本は、「和」を大切にしてきました。それは平和的な相互作用、合意などを重要視する村の社会です。同時に、日本人は楽しみ方を知っていますし、楽しさを通して日本人と繋がることが大きな要素であっていて欲しいと思います。

日常逃避や空想の中にいる人には、このような日本的調和を実践するには、かなりの寛容性を必要とします。はいそうです、日本では中年の大人が子供のように飲酒し行動することが容認されています。「和」の裏には、非常に多くの現実逃避が隠れていると思います。周囲の風景に点在するラブホテル(「内緒」の宿)を想像してみてください。漫画やアニメは、超自然的で原始的な物事を幻想化します。そのため、これらは国外のニッチメディアとして人気があります。

21世紀、日本は「再ブランド化」を考える必要があります。そうするためには、少なくとも日本で販売されている商品を購入するという消費者ニーズや希望、そしてより客観的な視野を持ち、多くの場合、日本の文化をよりよく理解している外国人を活用する必要があります。

成功している日本企業や韓国およびヨーロッパの企業は、自国民以外の情報提供者を活用しマーケティングを行っています。日本に興味を持ち、長期的に在住している自国民以外の情報提供者を必要としていると思います。必ずしも日本人化した外国人というより、日本と世界の有効な橋渡しをすることができる外国人という意味です。また、日本はいくつかの論争に関しても橋渡し役を必要としています。

日本は料理やデザインなどの分野で文化的表現や発信を上手く管理しています。しかし国際的な捕鯨に関する大きな失敗については管理できていません。慰安婦問題についても同様であり、尖閣諸島や魚釣島に至ってはこれらをはるかに下回っています。

国内においては、第9条を覆す新しい安全保障法への道程では安倍首相の人気（彼の党に関しては別）と日本の平和ブランドに汚点を残すという意味で、悲惨な現状です。まだまだあります。日本の指導者は、これまで以上にネガティブに見られています。政治と歴史に裏付けられた日本のソフトパワーは、国家ブランドが戦中から戦後に作り上げたアイデンティティを超越し、経済的に頭打ちになり始めた70年代から多くを失うことになりました。

日本のソフトパワーの未来予測をより複雑化するように、日本の若者たちは、創造性や主導性と相関する自信という面で他国から遅れをとっています。少なくとも日本の内閣府が２０１３年に実施した調査によると、若者たちは自分自身と将来について懐疑的になっています。

この調査では、日本、韓国、米国、英国、ドイツ、フランス、スウェーデンの7カ国における若者の自尊心と将来の期待を測定しました。13歳から29歳の日本の若者は、40歳で幸せになると答えたケースを含め、最下位でした。彼らは、自らの良い点に対する認識においても最下位でした。日本人回答者の45・8%が自信を持っていると回答しましたが、他国は70%強でした[31]。日本の若者の大半（61・6%）が将来に明るい展望を持つと回答しましたが、他国の若者は80%を超えていました。グローバルなリテラシーといえる第二言語として必要な英語そして他国の言語や文化に関する勉学など、日本の学校で取り組む必要性があり将来の展望に関わるという点で隔たりがあることを示唆していると考えます。日本の若者に世界への扉を開けば、大きな自信に繋がるかも知れません。

おもてなしや優雅な立ち振る舞いが必ずしも日本独特のものではないと気づいたら、日本の若者やマーケティング関係者が何に気付くか想像してみてください。私がサウジアラビアのアラブ人留学生と一緒に働いていた頃に触れてみたいと思います。私は博士号を取得するため国際サービス学部の大学院に在籍しており、アメリカン大学の学科で学生を指導していました。

私が彼女について賞賛すると、彼女も多くの場合同じように返礼をしてくれます。ある時、彼女はパリで休暇を過ごしましたが、私がすでに受け取っていた時間給20ドルに加え、私の指導に対し感謝の意を伝えるため、豪華なオートクチュールファッションのお土産袋を持ち帰りました。要は、アラブ文化も長い伝統を持っており、伝統的な「おもてなし」やお客さまを称えることは重要な価値なのです。それは明確にコーランにうたわれています。

他国のおもてなしの価値を学んでから、日本ならではのホスピタリティの考え方を提示した方がいいでしょう。ある東京のマーケティング・広告コンサルタントが語ったように、日本のマーケティングキャンペーンは、相互利益を基にアプローチするよう助言しています。

次のような想定をしてみましょう。「これらの伝統をみなさんと共有したいと思います。元来、日本の『おもてなし』は、個人的な関係を深めるというより、お迎えする側に関連しており、周到な準備と計画に重きをおいてきました。一方、みなさまのおもてなしは、パーソナルで開放的であり、個人的レベルでの人間性や誠実さを重視しており、霊的で道徳的なものです。この2つの伝統を組み合わせれば、私たちはより特別なものを手に入れることができるでしょう。いかがですか」。知人は、日本人が、アラブ人があたかもサービスやホスピタリティについて何も知らないかのように、アラブのビジネス関係者に対しおもてなしの「研修をさせる」ことに重きを置いた時、それを拒絶したといいます。彼らは、この異文化理解の欠如に苛まれたのです。

皮肉なことに、日本の文化自体その多くが派生的なものです。これは日常的に認識されていませんが、日本がハイブリッド文化として優れていることを示唆している点からより広く認知されて当然のことだと考えます。茶葉と茶道は中国と韓国から。漢字は中国。政治は米国でしょうか。衣服はしばしば西洋風のものですし、音楽においても再び、西洋の影響が大きい。当然、日本は他国と同様、文化を適応させてきました。

文化とは、動的で相互作用があり、絶え間なく進化しています。はい、世界はハローキティが大好きです。２０１４年の夏、ＩＳＩＳ軍と戦っていたイスラムのシリア反乱軍リーダーのザハン・アルイズラムは、演台でハローキティのノートを使って軍に話をしました。この画像は一挙に広く拡散されましたが、２０１５年1月、ＩＳＩＳによる無実の日本人殺害の阻止には繋がりませんでした。政策とはそういうものであり、それがいかにも卑劣で悪意あるものであっても、大衆文化の浸透が人命を救うことにはならないのです。あくまで政策にこだわる、残念なことです。

私たちはしばしば、頭で考え、次に心惹かれそして最後に財布と相談しながら描かれた場に引き寄せられます。文化を促進することに失敗はつきものです。誰かと待ち合わせる時に見る縮小地図には何が示されているでしょう。経路です。これは、マーケティング用語の〝Point of Sale〟と同様の地図機能です。日本はその文化に対し、より多くのアクセスや開かれた扉、〝Point of Sale〟を提供していく必要がありますが、そのためには感情的なつながりを作り出すためより多くの物語が必要です。

日本には独自の方法というものがあり、それが魅力ともなっていますが、世界の人々に講義したり何をみるべきかを指導するのではなく、彼らがより心地好く母国語で見ることができるようにする必要があります。そして、日本にとって最高の宣伝役である海外から来た移住者による評価や解説の次に、本書で登場するのは、最も説得力を持つ公的外交官ともいえる、日本国民の皆さんです。

NO SEX: BRAND JAPAN STEREOTYPES

セックスはゼロ：日本ブランドに対する既成概念

日本は、おそらく他のどの国よりも厳しい条件下にあると思います。それは報道によるネガティブな既成概念を払しょくすることです。それは二重の苦難だといえます。

(1) 1点目は、日本のメディア・リレーションおよび国家ブランド管理が脆弱なことから、相手方の裁判所（韓国、中国）や世論裁判所ともいえる外国の報道に主導権を委ねてしまっている点。

(2) そして2点目は、グローバルな広報言語である英語力の弱さ故に、渋谷交差点に降り立った短期来訪者である編集者や報道陣を含む伝道者や執筆者を野放しにし、「日本は世界のどの国より特殊である」と発表させている点です。[32]

この日本例外論（日本人論とも呼ばれる）の神話は永遠に語り継がれており、より政治的な米国例外主義のスタイルとは異なります。日本の「異質性」は、他のアジア諸国に対し、自国が例外的な存在であり、西洋、特に米国に畏敬の念を抱きつつもアジアの一部として見なされたくない日本人自身によって育まれた文化的かつ歴史的背景からきているのだと思います。作家ピーター・デール（Peter N. Dale）は、日本人論に関する文学批評家という稀な存在で、日本固有の神話を、政治的適合性と国粋主義という文脈の中に位置付けています。以下は政治的優位性のための神話といえるでしょう。

第一に、彼らは暗黙のうちに、日本人が、文化的・社会的に同質の人種であり、その本質は先史時代から現代まで実質的に変わらないと仮定している。第二に、彼らは日本人が他のすべての既知の人々と根本的に異なることを前提としている。第三に、日本人論は顕著に国家主義的であり、外部の外国人から得たと思われるあらゆる分析傾向に対して、概念的かつ手続き的な敵意を示している。一般的な意味で日本人論は、表象的「唯一性」に関係する文化的国家主義として定義され、個人の経験と社会的歴史的多様性の両方の概念に敵対するものと定義される。[33]

私が1993年と1994年に日本を訪問したときの永続的な印象は、清潔、文化的優越性、秩序、積極的だった軍事的過去においてアジアの中のドイツに見えたということでした。私はまた、「選ばれた」ものという文脈で日本を見ていました。アジアから派生した言語と文化にも関わらず、控えめかつ丁寧でありながら、他のアジア諸国との区別や分離を非常に誇りに思っているという点です。これら最初の印象はとても不完全なものでしたが、日本の歴史、文化、政治を正式に研究したことがないため、日本人がどのように日本を紹介したかによる影響を受けているに違いありません。

日本が特殊であるという共通認識のため、東アジアや北東アジアにおける日本のアイデンティティーに関する議論を耳にすることは稀です。日本人は、共通点が多いにもかかわらず、韓国人や中国人との関連性を積極的に特定したり、傾向付けたりすることはありません。ジャン・ピエール・レーマン（Jean-Pierre Lehman）氏が *The Globalist* に書いているように：

表面的には、北東アジア三国はすべてが緊密な関係にあるはず。中国、日本、韓国は互いに貿易・投資の主要パートナーであり、その経済は相互依存性が高い。

さらに、彼らは共通する文化を共有している。三国の社会は孔子の教えに基づき、最も貴重な宝は「調和」といういい価値観。中国人、日本人、韓国人は多くの共通利益を持っているだけでなく、共通の文化的波長に基づき互いを理解することができるはずである。[34]

リーマン氏他、多くの学者が指摘しているように、それは東洋からの決別と西洋への傾倒であり、アジアから距離を置き帰属しないという日本の歴史そのものです。日米安全保障体制のほぼ確実な変化に伴い、アジアからの決別は完全となり、日本は東よりも西を選択し、特に米国を主要同盟国としています。私はこのことに大きな危機感をいただいており、日本が東アジア地域における信頼を回復させるためには、この国をよりグローバル化し真の意味で世界のパートナーになるという日本にとって最大の機会に、米国からの独立が必要だと固く信じています。

私たちは、食事の写真を撮ったり表参道のククルザ・ポップコーンやギャレット・ポップコーンの大きさについておしゃべりしていない時は、韓国人、中国人、西洋人、ヨーロッパ人、オーストラリア人ではない日本人とは誰で何を意味するのかをいつも議論しています。言葉を換えれば、日本人かそうでないかの線引きをどこでするのかという議論です。日本の文化は融合的ではありません。むしろ分離的だといえます。

同一民族という日本神話の下に日本に対する社会的認知の流れは、歪曲された報道の炎を扇動し、日本が奇異で遠い存在として演出されていきます。

ではこの愛すべき日本を、どうすれば世界に理解してもらうことができるでしょうか。政府が少子化の脅威に捉われている間に、日本のイメージはロボット、小型ペット、あたたかく迎えてくれるカフェに象徴されるとても親切で安全な場に置き換えられました。そして警鐘を鳴らす報道が、危機感を促しパニックを引き起こす如く不気味な記事として広く拡散されました。２０１０年、厚生労働省は、16歳から19歳までの日本の若者の36％がセックスなどには関心がないと回答した調査を発表しました。日本は、自然災害と同じようなレベルで、様々な後退の象徴として知られるようになっていきました。

エコノミスト誌は、日本を「人口統計的時限爆弾」そして「信じられないほどの縮小国」と呼んでいます[35]。世界で最も信頼されている国際放送局、英国放送協会（British Broadcasting Corporation）は、２０１３年の特別報道で、「セックスお断り。我々は日本人です。（No Sex Please, We're Japanese）」という好ましいとはいえない番組名の下、日本をセックスレスな同一民族と宣言しました。〝Tokyo Drift（流れゆく東京）〟の現実は、シリーズ番組「ワイルド・スピード」とはかなり異なります。それは、仮想世界におけるセックス・パートナーとの関係と現実世界における男女間の関係性とが、ゆっくりと分離されていっていることにあります[36]。

ＢＢＣを弁護するために言っておきますが、この番組名は、１９７０年代に人気を博し広く知られている映画〝No Sex Please, We're British〟から派生したものでしょう。[37] しかし、日本でしばらく暮らしていると、ＢＢＣが最初から指摘しているように、日本が「世界のどんな国とも異なる」というグローバル・メディアが持つ印象を拭えないことは確かです。

このような称号を持つ国は他にあるでしょうか。固定観念は害を及ぼしますが、日本の定型化されたイメージは、伝統的な仏教寺院と枯山水のような庭園と地域にあるコンビニに置かれている男性誌の女子大生ファンタジーとの間で絡み合っています。「セックスお断り。我々は日本人です。」が発表された時、それは卓球スタイルの打ち合い形式で面白おかしく描かれ、報道紙面を大いに沸かせることになりました。

〝Why have young people in Japan stopped having sex?〟（*The Guardian*）[38]
「なぜ日本の若者はセックスをやめたのでしょう?」（ガーディアン）

〝Japan's Hottest New Sex Trend Is Not Having Sex〟（*Time*）[39]
「日本で最も話題性があり新しいセックス・トレンドはセックスしないこと」（タイム）

〝Young People in Japan Have Given Up on Sex〟（*Slate*）[40]
「日本の若者たちはセックスを断念した」（スレート）

"No, Japanese People Haven't Given Up on Sex" (*Slate*)[41]
「いいえ、日本人はセックスを断念していない」(スレート)

"Japan's sexual apathy is endangering the global economy" (*Washington Post*)[42]
「日本の性的無関心は世界経済を危険に晒している」(ワシントン・ポスト)

"Don't worry. The Japanese are having plenty of sex" (*Washington Post*)[43]
「心配しないでください。日本人はたくさんセックスをしています」(ワシントン・ポスト)

さらに2013年の特別番組では、BBCのアニータ・ラニー(Anita Rani)が、中年のオタク文化とアバター・ガールフレンドについて探求しています。番組では、ジャパナメリカの著者であるローランド・ケルツのような文化観察者と中年男性のファンタジーであるAKB48発祥の地、秋葉原を歩くというドキュメンタリーに味付けをしています。また彼女は、店内で大人用おむつを手にし、日本は現在、「赤ちゃん用おむつ」より大人用がより多く販売されていると主張しています。

ラニーは、日本の既婚カップルの4分の1強が1週間に1回セックスをしているとする無作為な調査結果を披露しています。彼女は、「ある調査では、彼らのわずか20%が毎週セックスしていると報告されており、私たち英国人よりもかなり少ない」と述べています。西側の人間が、これら性に関する数字を誇張する一方、日本人の謙虚さが（調査の数字を）ひかえめにしているのかも知れませんが、視聴者を楽しませながら日本人が特異で性に興味のない存在であるというイメージを強化する以外に、信頼に値する調査データでしょうか？

ＢＢＣドキュメンタリーから日本について学べることが他にもあるか見てみましょう。日本には多くの矛盾が存在しています。例えば、日本人は若いということに強く執着しているようです。メディア報道や広告は、愛くるしい目をした若者で溢れ、その多くに女性またはその仮想イメージが使用されています。現実には世界で最も高い高齢者率で特に女性の比率が上回っていますが、メディア報道と広告のターゲットは、若い女性消費者や一般男性で高齢者女性はあまり多く起用されていません。日本人の４分の１は65歳以上で、流行を生み出してきた「グランド・ジェネレーション」と呼ばれています。年金による消費力が高いため、60代は新40歳世代といえるでしょう。60代から70代の人々の心は若く、ＢＢＣのラニーは年配チアリーダーたちと時間を過ごしています。

２０１０年の米国人口調査では、５万３３６４人のアメリカ人が１００歳を超えています。米国の総人口は、３億９０００万人で日本の１億２７００万人[44]と比較すると映画『フィフティ・シェイズ・オブ・グレイ』とは対照的です。日本には現在、１００歳を超える人が６万人以上暮らしています。調査が始まった１９６３年の人数はわずか１５３人でした。

ＢＢＣドキュメンタリーの功績のひとつは、市場の90％を占めていた石炭の首都とも呼ばれていた夕張を含む、失われた町の苦悩にも焦点を当てたことでしょう。石炭産業が崩壊した後、夕張はテーマパークへと変化し、観光客の関心を喚起するも、失策に終わりました。夕張は未来に向けた試験的事例として世界を魅了しました。現在の政府統計では、２０４０年までの日本の地方都市の消滅リスクを40％と予測しています。「夕張のケースは、日本の炭坑におけるリスクマネジメントに関する人口統計的事例としての価値があります」[45]。

人口的にも興味深く、世界のメディアが興味を示すのは、人口３５００万人以上もいる日本の首都圏で、新生児が年間で約25万人というのは不十分で、日本全体の出生率が女性一人当たり１・３人に留まっている点です。人口を補充するためには、少なくとも女性一人当たり２人の赤ちゃんが必要です。少子化は将来の労働者の減少につながり、今後の労働人口減少は雇用側の納税額減少を意味します。このような悪循環が続いていきます。日本は未婚人口も大きく伸長しており、未婚出産がほぼ半数のイギリスと比較すると、非常に少ないわずか２％が未婚の下に生まれています。要は、日本では、結婚を先延ばししたり、独身者が未婚のままだと、子供は誕生しないということです。

ＢＢＣドキュメンタリーによると、日本の伝説的なおもてなしは、外国人居住者に対しては他国との比較において、提供されていないといえます。英国では、８人に１人の居住者が海外出生者です。日本では60人に１人が外国人で、人口の約２％に過ぎませんが、その多くは何世代にもわたる在日の中国人や韓国人を指しています。結果、民族的に98％が日本人で占められていることになります。

「奇妙な日本」のドキュメンタリーであり奇怪に歪められた「セックスお断り」の番組は、ラニーがニンテンドーのために制作したラブプラスというオンラインゲームに積極参戦する2人の若い男性との対話形式になっています。それはユーザーにとっては非常に現実的なものになっています。まるで高校時代のデートに戻るような感じで、ドキュメンタリーの日本男性は39歳ですが、ラブプラスでは17歳という設定です。結婚しているもう一人の男は38歳ですが、15歳の若い男性になっています。彼は、仮想生活でのガールフレンドを妻から秘密にしています。最初の男性は、「実生活のガールフレンドだと結婚を考えなければならないので、同時に3Dの女性と付き合うことも躊躇してしまう」といい、実際の女性に会いたいと思いつつ、仮想の彼女「ねね」と感情的な関わりを持っています。

ドキュメンタリーのあるシーンで、日本人の既婚男性と「りんこ」という仮想の彼女について話しているラニーを描いています。「あなたの妻とりんこのどちらかを選ぶ必要があったとしたら、あなたは誰を選びますか?」との問いに答えることを躊躇している彼に対し、ラニーは嬉しさと共に驚き笑いつつ、だから日本人は私たちとは違うのだというイメージを補強していきます。りんこは2009年に任天堂が発表した仮想彼女三人組の一人です。若い男性が離れられないと認め、ねねの結婚のあと、ゲームの人気は急上昇しました[46]。

結婚式は公式でもなければ法的拘束力もありませんが、仮想パートナーと結婚できるなら日本人の結婚率が上がるかも知れないと考えてしまいます。このBBCのキャスターが暗示する日本は異質であるだけでなく（他の国々も同様に特徴的なのですが）非人間的な世界であるという前提を受け入れるなら、そのことを信じ込んでしまうにはそれほど長くは掛からないでしょう。ラブプラスの米国人ユーザーの一人は、オンラインの「女の子たち」を次のように解説しました。

この女の子たちは、日本の古典的な固定観念に基づいています。「まなか」は、日本がとても魅力的だと思う美しさのすべてを具現化しているのに対し、「ねね」は若干古くて賢明な同級生で、米国人にはセクシーな存在でもあります。「りんこ」はツンデレな性格で、よく知らない人には不親切で時には敵対的、でも最終的には彼女の暖かい側面を表すという、外国人にとって最も難解なタイプだといえるでしょう。[47]

部外者にとって、日本の文化はしばしば神秘的で混乱させられることがあります。オンライン漫画の世界で一般的な女子高生の制服は、心地よさと可愛さという側面に加え、悦楽と扇情的だともいえるでしょう。

文化研究者のケルツが、秋葉原の目抜き通りをラニーと歩いている際に説明しているように、「日本の大人たちは、幼い頃、特に学生だった日々を相対的に自由な時間として記憶しています。上司の手綱に牽かれ、硬直した階級組織に属し、通勤電車で一時間半を過ごすことと異なり、彼女たち女子学生の姿は慰めになっている」「漫画は、ソフト・ポルノの域まで広がっており、公で目にすることは不快感に繋がることもある」と述べました。２０１６年に58歳の男性が東京の高校生たちのスクールバッグに精液を入れたと「物的損害」で逮捕された罪状には、「仕事からのストレス」であるとの彼の説明がありました。[48]

日本では大部分が男性のために男性により設計された性産業が繁栄していますが、副業でアートを手掛ける五十嵐恵（ろくでなし子）という女性が、女性器の三次元データを商業的に宣伝したわいせつ電磁的記録頒布罪などで処罰を受けました。国家秘密法、法の下の強行突破、修正主義の歴史再来でしょうか。

もちろん！　日本人女性が自らの肉体の一部を商業的に利用している、それはいけません！　でもちょっと混乱しますよね？　個人的には、五十嵐氏の妙技が如何に不名誉であるにせよ、彼女が逮捕されなければならないほど国家安全保障への脅威になるとは思えないのです。

日本はこれからどこへ向かっていくのでしょう？　結局のところ、ＢＢＣによる日本の肖像画では、過去20年間浮き沈みが続いた日本経済の下で男性と女性がうまく適合していないということのようです。

経済成長時の赤ん坊は母親に委ねられ、後には大学に、そして最後に生涯雇用主によって養子縁組されてきました。一度その仕組みに組み込まれたら、生涯そこで暮らしていくことになります。今日、日本人の独身女性は、男性に対し物足りないと感じているのかも知れません。21世紀の日本女性は男性よりも個性があり自律的になってきているようです。

彼女たちはもっと多くを望んでおり、期待値ももっと高いところにあり、男性に多くを期待できないのであれば興味を持ち続けることは難しいかも知れません。彼女たちは、男性が自立し、出会いに関してより積極的であることを望んでいると思います。一方、日本の男性は、積極的な女性を好みません。強化されていく日本女性のパワーについて追加しますが、グローバル・ジェンダー・ギャップ・レポートによれば、現在、日本女性の平均寿命は88歳で、また驚異的な識字率と教育レベルという点は共に世界第1位だそうです。[49]

逆に、グローバル・ジェンダー・ギャップ・レポート2015での日本のランクは、145カ国のうち101カ国（2010年の94位から転落）です。[50]

日本のオタク文化と出生率低下との関連性はあるのでしょうか？　BBCの映像に登場した二人の男性はそう考えています。女性に会う機会がありません。39歳の未婚男性は、そんな機会は全くないと言います。日本の人々は、若者文化に固執しているように見えます。職場文化がもたらすすべての責任とは異なり、感情豊かで思いのままに自由にいることができた時間だったのだと思います。日本には、あらゆる年齢層のための漫画の文化があります。そこでは成人になる必要はありません。東京ディズニーランドが世界で最も成功したディズニー・テーマパーク（最も訪問客数が最多のテーマパーク）になりつつあることは驚きではありません。

報道による誇張と日常生活の間に現れる文化的矛盾を分離することは可能でしょうか？　責任ある報道がなされていれば可能かも知れませんが、BBC特集の場合、「この変わった人々の面白い暮らしを見て」という調子で語られています。このような問題の一部は、自国が外国メディアでどのように扱われているかについて一般的に受け身で無関心だという点です。メディア業界に属しているもしくは報道を仕事にしていないと、自国がどのように報道されているかについて細心の注意を払わないかも知れません。日本は国内外の報道に対し、反論することをもっとやっていいのではないでしょうか。

このような背景の中、文章、政策または車のバンパーのシールなどで日本を説明するならどうしますか？　それは無理と思われるかも知れません。世界各地の多くの国々は、世界中を巡る会話やおしゃべりを超越するため、数百万ドルレベルを国家ブランド促進のために投資しています。次なるクールジャパン・キャンペーンに50億円もの予算を投資するとしたら、どうしますか？

日本のイメージが報道により過度に強調されているため、多くの外国人にとって、日本は浮世離れしているようです。一度日本を訪れた友人は、「愛すべき日本！　地球上で最も幸せな場所だ」と声を大にしましたが、日本の高い自殺率や世界的にも低い幸福度について伝えたら驚くかもしれません。しかし、表層的に見れば彼女の判断は正しいと言えなくもありません。

日本人は丁寧で笑顔で対応してくれますし、気軽な訪問者にとっては、東京ディズニーランドのような心の持ち主だと信じ込むくらい、自らの独自性を信じてしまっていることが、同時に報道内容を管理仕切れていないという弊害に繋がっています。日本が世界を完全に巻き込んでいくためには、これらの矛盾を明らかにする必要があります。さもなければ、普及している明るい良い面だけが存在し、共有すべき暗い話は存在しないことになります。これほど退屈なことはありません。

POWER TO THE PEOPLE AND THE PRESS

人々そして報道にパワーを

日本は他国とは違い、自国の宣伝自体に大きな問題を抱えていません。しかし、戦争の歴史、戦後の中流層、そして現在の不安定な政治経済と関係するため、比較的高い緊張の中で国家イメージに執着しています。

日本はかつて、大東亜共栄圏によって伝播されたように、アジアの大部分を支配する最高峰の軍を持つ帝国主義体制でした。[51] そして70年代と80年代には、日本は世界第1位に拮抗する第2位の経済大国でした。

中国が2010年に日本の経済的地位を上回り、[52] 10万人以上の米国人学生を中国に迎えるため2014年に教育交流の杭が米国により打たれた[53]その遥か以前、日本は自国の相対的優位性を信じていました。米国と中国間の人的交流の道標は、日本が世界における位置付けを明確にすることを先延ばしするのではなく、今こそ行動するべきだとの確かな最終通告であったと思います。

日本の国家ブランドは世界中で大衆の魅力を誇っていると私は信じていますが、どうして21世紀に世界に対し足跡を残すことができなかったのでしょう? それは建築デザインの問題（各省庁の建物、電通本社ビルを視覚化すれば明らかです）でも人員の問題でもありません。巨大建築物や多くの職員がいても、最も重要な要素である国民が会話から欠如しているのです。

日本は世界との関わりの分岐点にはまだ達していません。ただ安倍晋三氏とアベノミクスが世界的な注目を集めるには十分ではないのです。政府首脳は、国家がどのように評価されているかによって常に大きく影響されますが、政策と選挙が先にくる日本の優先順位は、大規模なグローバル論争に時間を費やしていないことに繋がっています。政権指導者が、国内で日々の活動を強化または防御しているなか、国家が正しい評価を得るための活動を彼らだけに委ねるより、社会的影響力のある必要な人間をそこに巻き込む方がよりリスクが少ないと考えます[54]。「慰安婦問題[55]」のような忌嫌う戦時中の話題を扱う米国の教科書の修正要求など、断片的施策を取り続ける政府中心の対外的広報ではなく、今日本が必要としているのは、分散型でより大規模な事業でしょう。国家が政治と国のブランディングを区別しようとしている時、これまでのように安倍ブランドと国家ブランドをあまりに近く位置付けることは常に不安定な連鎖を生んでしまいます。

安倍首相に対し個人的な好き嫌いはありませんが、彼は国内で比較的安定的な人気を博す一方、日本に対する世界の評価やイメージに影響を与える、憲法改革、報道監視、教科書改訂などの分野で、政治的に分裂している政策を推進している政治家だといえます。

日本の人々は、市民大使の可能性についてより深く学び、国際的および異文化間レベルでの市民参加を奨励していく必要があると思います。日本をより手頃な費用で訪問できる円安の下、より多くの外国人観光客が到着しているので、大使として日本を出る必要はありません。このように国をよく知ってもらう活動は個人レベルから始まると思いますが、政府が方向性を示すことはできるはずです。

かなり遅れてではありますが、日本政府は、日本の教育機関を国際化することが重要であることを認識しました。東京の大学では、登壇者や学科の紹介に「グローバル」と「インターナショナル」という言葉が頻繁に使用されているのが見受けられます。そして英語またはバイリンガルの看板が一般的になりつつあります。全体として、2008年には14万人だった留学生を2020年までに30万人に倍増するため、「グローバル30」と呼ばれる多くのグローバルな学科と英語プログラムが提供されてはいますが、TOMODACHIイニシアチブなどの官民パートナーシップを通じて資金提供される短期的交流なしでは目標達成は難しいでしょう。[56]

グローバル30の資金を受けた上位13の大学は、2011年に約2万2000名の外国人学生を抱えていましたが、同じ年に発生した3・11の震災により留学生人口が13万7000名に減少しました。[57] 2015年時点で、その数は20万8379名に増加し、そのうち10万9390名は、直ぐお隣の中国（9万4111名）と韓国（1万5279名）の二国からです。米国の数値は比較的安定しており、2014年との比較でわずか271名増加し、2423名と低い状況です。

最大の伸びは、中国の力に対抗する形で日本に戦略的関心があり、東アジア地域での国益と安全保障の拡大を図る東南アジアからの留学生です。ベトナム（3万8882名）、ネパール（1万6250名）、ミャンマー（2755名）は、日本への留学生がそれぞれ47%、55%、42%増加しています。

日本にいる留学生との会話では、多くの人が日本の社会とうまく一体化していないと感じていると言います。

彼らが日本語をよく話せても、日本人と交友関係を持つことは難しいと語ります。日本の海外に対する働きかけの努力にひとつ変更を加えることができるとすれば、学期開始前に留学生が互いに出会い、自らの社会的ネットワークを形成できるようにし、それを基盤に在日中に日本社会への参加度を高められるようにすることでしょう。

これらの留学生は、日本人が外の世界を理解するための驚くべき資源ですが、多くの場合、彼らを支援している機関によりそれがあまりにも制限されているように思えます。

国民としての義務は、税金を納めることや朝の通勤電車に乗るため整然と並んだりリサイクルのためにゴミを分別することだけに限られている訳ではありません。日本の国民の皆さんは、自民党指導者が射る矢よりも、この国の未来のためにもっと多くの投資をしているはずです。世界に向け日本について効果的に多くを語り伝えられるのは日本人の皆さんご自身です。日本に関する報道では、国会議員の入れ替わりや、安倍氏の進退などがしばしば報道されます。企業の経営トップでさえ日本の政治家ほどの注目はされておらず、このことは日本の経済的地位や民間企業のカリスマ的経営者の位置付けが衰退していることの兆しでもあります。

第二次世界大戦終戦から70周年を迎えた2015年8月15日の安倍晋三氏が何を語るかについての予測が「安倍24時間」として多くの報道を賑わせました。

私は、NHKが、安倍氏が発言前に何を考えているのかを報道記者やアナリストが推測する「安倍の心中」といったような番組が制作されないか期待して見守っていました。面白おかしく聞こえるかも知れませんが、私の次の主張は深刻なものです。日本の政治に関する報道の量は、日本の一般の人々に関する報道を圧巻するものです。日本の政治や政治家に関する盛り上がり方は極端でもあります。それは、政治家のあるべき姿とは逆に、本来奉仕すべき自国民より政治的便益の方が勝ると思い込む状況に繋がっています。

安倍氏は、終戦70周年記念の前日、２０１５年8月14日金曜日のゴールデンタイムにメッセージを発しました。国民からの評価は数パーセント上がりましたが、日本の侵略や反省を認めていることに満足しない右派の国粋主義者たちを不快にするという結果になりました。日本の極右派にとって、日本は常に犠牲者であり決して犯罪者ではありません。そして予想通り、彼の発言は中国や韓国では好意的に受け取られませんでした。[58] 中国外務省の華春瑩（ホァ・チュンイン）報道官は、次のように述べています。

日本は、軍国主義と侵略戦争における性質と責任を明示し、被害国の人々に心から謝罪し、この主要な問題を回避せず、軍国主義的侵略の過去からはっきりと決別すべきだった。[59]

朴槿恵（パク・クネ）大統領（当時）は、安倍氏の演説について「多くの期待を感じた」と述べましたが、彼が過去における日本政府の声明を支持している点は「注視すべき」と述べており、またシーラ・スミス（Sheila Smith）のような日本ウォッチャー達は、「外交的余地がある」と表現しました。[60]安倍氏がどう反論しようが、真実を語っているのは彼の行動そのものであり、強固な反対派との勝算はないと考えます。興味深いことに、彼は演説で女性について触れる機会を得ましたが、慰安婦については特に触れることはありませんでした。

20世紀の戦争で多くの女性の尊厳と名誉が著しく傷ついた過去を、私たちは心に刻まなければなりません。このような反省の中で、日本は常にそのような傷ついた女性たちの心に寄り添う国であって欲しいと願い、そして21世紀を女性の人権が侵害されない時代にするために、日本が世界を牽引していって欲しいと願っています。[61]

The Diplomat のシャノン・ティジィー（Shannon Tiezzi）氏は、「朴氏は言葉ではなく行動を求めた」とし、「ソウルの立場としては、特に慰安婦問題に対し迅速かつ適切な解決を求めている」と述べています。[62]

安倍氏は、未来を担う世代が過去の罪に対し謝罪し続ける必要はないとし、「日本では、戦後世代が今や人口の80％を超えている。私たちの子ども、孫、そしてその次の世代は戦争とは何の関係もなく、謝罪し続ける運命を背負わせる必要はない」と述べました。[63]

私は *LosAngels Times* の取材に対し、「言葉で語ることは結構ですが、その背後にある感情はどうでしょう？　安倍氏が何を語るかだけでなく、彼の行動を見てみましょう。彼はこれからの世代を謝罪という重荷から解放しようと主張しています。しかしそうであるならば、過去の反省すべき事実を排除せず教科書問題を解決しましょう。日本が過去を記述するという責任ある行動を取ることで世界は前に進んでいけるでしょう」と述べました。[64]

日本が和解していない過去に関し過度の謝罪を避けると安倍氏が発言する数ヶ月前、カルステン・ゲルミス（Carsten Germis）というドイツ人特派員が、外国記者クラブの刊行誌 *Number 1 Shimbun* に「さよなら」という投稿をしました。

「5年間東京からドイツの読者に対し報道をしてきた外国特派員の告白」という彼の記事は皆を驚かせました。彼のこの記事は、ドイツの読者以上に広く読まれることになりました。何故なら、世界中の日本ウォッチャーに、報道の自由に対する日本政府の介入問題について警告するという矢を放ったからです（今日でいう日本政府とは、自由民主党であり安倍晋三氏を意味します）。

信頼できる発言者であったことから、この記事は、ソーシャルメディアで広く拡散され、日本語にも翻訳されました。ゲルミス氏は、自らの力を誇示するような荒々しい人間ではありません。彼は、*Wall Street Journal* のように政治的には保守的で、経済に関しては自由主義的な（資本主義的な）新聞であるドイツの日刊紙 *Frankfurter Allgemeine Zeitung* に記事を掲載しています。

彼はまた、反対意見を持つ人を拒絶したり、日本のしきたりや常識をよく理解していない者を黙らせるような「経験の浅い」人間でもありません。ゲルミス氏の公開記事は、まるで群衆の叫び声のように飛び込んできました。

日本の政治に関わるエリートたちが認識していることと、海外の報道で伝えられていることとの間の隔たりが大きくなりつつあり、このことが在日外国人記者たちに対する問題を引き起こしはしないかと危惧しています。この隔たりは安倍晋三首相のリーダーシップのもとで起こっている明らかな変化、つまり歴史を修正しようとする右派的活動によるものです。

日本の若手エリートたちは、これからも続くであろう海外メディアによる対立的見解や批判に向き合うことに苦労しており、今後このことが問題として発展していくのではないかと感じています。

カルステン・ゲルミスが記事を発表した時、彼は既に日本を離れるところだったので、このような批判的な意見を大きなリスクを伴わずに公表することができました。もし、海外からの特派員として来日しようとしていたらこのような記事は書かなかったでしょう。しかし、彼は2020年オリンピック開催の5年前の日本で、閉鎖的でとても開かれているとはいえない経験をしたのです。2020年のオリンピックに向け、日本が世界に開かれ、世界の人々が日本を訪れる準備のために多大な努力をしているというのにも関わらずです。彼の記事では、安倍晋三氏の自民党とは対照的な民主党との経験を比較しています。

２０１０年から２０１２年、三期にわたった民主党政権ではいずれも海外の報道機関に自らの立場をオープンに説明しています。しかし安倍晋三氏率いる自民党は、特に海外メディアで盛り上がりをみせている政権改革派の戦時史観について懐疑心を持っています。そして自民党は、ついに外国記者クラブから姿を消してしまったのです。

このような報道による政権へのアクセス欠如は、ソーシャルメディアのFacebookやTwitterを通じた政府主導のパブリック・ディプロマシー施策と一致しています。私が「安倍２・０」と呼ぶ２０１２年12月に始まった安倍政権第二期の政権下では、外部に対するより多くの働きかけをしているように見えます。政府のメッセージはより透明性高く見える一方で、実際は巧妙な仕掛けのように映っています。日本政府の公式なコミュニケーション活動は、主に一方的であり集中管理されています。

強まっている認識としては、部外者は蚊帳の外であり、関わりを持とうとしても精査され、推し戻されるだろうということです。

カルステン・ゲルミスは、数年前に自分が理解していると思っていた国がもはや存在しないことを明らかにすることに苦痛を感じたことでしょう。

ゲルミスは、どの国の政府も否定的な報道に反応するので、現在、日本政府トップが報道批評に過敏であることは想定内のことだと述べています。

しかし注目された点は、外務省が取った人質攻撃のような手段を使ったゲルミスに対する脅しや無効化を図るという稚拙な行動に関する記述です。「積極的な姿勢で一刻も早く中国に行け」といった内容です。ゲルミスはこう書いています：

これが日本府のグローバルな広報活動の一環であるとすれば、懸念する必要があります。フランクフルトの日本総領事館は、私の記事が中国語で再版されることを心配するよりもやるべきことが他にあるのではないでしょうか？

ゲルミスが語ったこの驚くべき逸話は、メディアの健全性に関する問題を明らかにしました。テンプル大学日本校で私と共に教鞭を取るアジア太平洋研究学者、ジェフ・キングストンは、日本のコミュニケーションを取り巻く3つの慢性的病魔が、政府の妄想や海外メディアに対する強迫観念を強め、間違った診断を繰り返すことに繋がっていると語っています。

日本政府の批判に対する寛容のなさは、自らの行動に対する批判は反日感情と同等であるという誤った信念に基づいています。また、海外のジャーナリストは、訪問者でありホスト国に礼節を持つべきであり、国から研究費を支給されている学者が批判的な見解を述べるならば、裏切り行為とされるといった公然の妄想症が多く渦巻いています。[65]

対象にされているのは海外メディアだけではありません。日本には現在、政府から否定的な扱いを受けている学者がいます。安倍政権にとって批判的な彼らとの関わりは持つなと言わんばかりです。

私の友人で元上智大学の同僚である中野晃一氏は、プリンストン大学政治学科で博士号を取得しています。彼は日本の政治学者の中で最も引用されている学者の一人ですが、安倍政権に対する信頼性の高い批判が、疑惑の対象とされるという犠牲を蒙ることになりました（この著書の中でも中野氏の功績により、多くの資料を参考にしています）。ゲルミスはじめ他の外国人記者も、安倍政権の報道担当者から中野氏を情報源としないよう伝えられました。

日本に対する世界の評価を向上させるために、日本政府は報道の自由に対する締め付けを緩和する必要があります。現場から事実を報道する義務を負う彼らに対する過度の抑圧は、日本を擁護するより多くの批評家を作り出すことになります。自由で活気ある報道環境では、当然良いニュースと悪いニュースを報じることになりますが、政府と報道機関のより開かれた政策を維持することで、日本に関するバランスの取れたストーリーが展開できることになると思います。

また、反対意見を受動的に受け入れるだけでは十分ではありません。日本政府が、報道に対し開かれているというイメージがどれだけ国家ブランドに影響を与えているかを意識するのであれば、自立し、開放的で、活気ある国内外の報道環境促進の支援に積極的に取り組むべきだと思います。日本がクールジャパンやナイスジャパンのグローバルキャンペーンを展開したいと望むのであれば、報道を黙らせるという路線は間違っています。

LAND OF THE RISING SISTER

「ライジング・シスター」女性活躍の時代へ

20年前、私が初めて日本の土を踏んだ時、博士号を取得したばかりでした。米国政府の関係者から、日本で資格を使う際に配慮するよう教えられました。この助言の論理的根拠は、先ず私が部外者であること、そして日本人女性の高学歴、特に博士号取得者が比較的多くないことが挙げられます。

私は日本人ではありませんが、博士号を取得している米国人女性として、異なる社会における女性の役割や立場を異文化間で理解し合える機会になるとむしろ思っていたので、この助言は奇妙に思えました。しかしやがて、慎重さと謙虚さ、そして社会的な礼儀を最高の美徳とする日本で、過度な主張をしないことが我が身を守るという意味での助言であったと理解するようになりました。

私はすぐに日本の女性が私の育った米国の標準と異なっている点に気付きました。

第一に、日本人の女性たちには、米国の1960年代の市民権運動から1982年の平等の権利(Equal Rights Amendment：ERA)を得るための法改正に失敗した米国の第二波フェミニストのような女性運動の経験がありません[66]。

私は1970年代に青春を過ごし、*Gloria Steinem*、*Ms.* という雑誌そして〝women's lib〟などを通し、フェミニズムについて学んでいました。当時の好きな曲はヘレン・レディ(Helen Reddy)の *I Am Woman* で、実家のバルコニーで母親とペットたちを前にヘアブラシをマイクに見立てて歌っていました。

両親と4人の兄という男性の多い家族で育ち姉妹もいませんでしたが、自分の能力を決して疑ったことはありません。

我が家の男女比率は5：2でした。この男性中心の環境では、4人の10代の少年が発する騒音より大きな声を発する必要があり、自己ベストを出し続け、褒美が何であれ、上を目指し続ける必要がありました。私は、職業より家庭を重視するといった選択肢に限定されることもありませんでした。職業は自分で選択できましたし、結婚、家族、キャリアを自ら追及することができました。日々の暮らしの中で、私の自由を擁護してくれる女性（母親）と支持してくれる男性家族がいてくれたので自ら選択することができました。フェミニスト達の間にどんな亀裂が存在しようが、彼女たちの闘いは、最終的に人生の選択と平等のためのものだったのです。

対照的に、日本社会での性差の大きさに私は驚きを隠せませんでした。米国政府関係者として、日本の省庁内を護衛されながら訪問する中、経済産業省、防衛省、外務省を含む日本政府における性差別にショックを受けました。もちろん庁舎には女性もいましたが、装飾的な壁紙のように感じました。

20代後半らしき魅力的な女性が、お茶とコーヒーを提供するためにワゴンを押しながら登場した時、私は同僚の米国政府関係者に「彼女はきっとハーバードの学士号を取得しているわ」と皮肉っぽく囁いたことを思い出しました。例えば、政策関連事項について私に解説してくれた中に女性は一人もいませんでした。

男女のどちらが国を動かしているのかは明らかでした。3週間の滞在中、女性の仕事は翻訳者、ツアーガイド、コーヒーや紅茶の給仕役または秘書などで、仕事における男女の不釣り合いは明白でした。

女性は、物静かで助けにはなるが、真剣なやり取りがなされる場ではなく、舞台裏にいるようでした。そしてまるでそれが当然であるかのようでした。

日本の女性は高度な教育を受けていますが、話題の多くは、出会い、結婚、その他男性にまつわる内容で、仕事の話は多くありませんでした。私は海外からの訪問者と日本人女性数名と富士山麓のキャンプで楽しい時間を過ごしました。折り紙（折り紙）と和紙（伝統的な紙）を作る方法を学んだりしました。

私は、ワシントンDCのフレンドシップ・ハイツの家の近所にあるRodman'sというディスカウントショップで買ったゴジラの人形でディリーという名のマスコットを持参し、温泉で皆と一緒に笑ったりお湯を掛け合ったりして楽しみました。ちなみにディリーは今も私と一緒に暮らしています。

私が、西側のフェミニスト的視点を通し、日本での新しい環境を観察し、性差別的な状況事例を探索したことは事実です。

私は、日本にきて、物事を文脈に沿って認識すること、そして自分自身の文化的偏見を学ぶことになりました。しかし、日本人女性に関しては、二番目の性というだけでなく二番目の階級に位置付けされているように映りました。

当時は自分の認識にはありませんでしたが、今では日本の活性化が、女性の個人的かつ政治的エンパワーメントに完全に依存しているということを自分自身に言い聞かせています。さらに、内閣総理大臣室や国会（国会議事堂）からのトップダウンで実現するのではなく、女性による、女性に関する、女性のためにボトムアップで進めていかなければならないと思います。

世界で最も著名な文化人類学者、マーガレット・ミード（Margaret Mead）は次のように述べています。「問題を解決するために、機関や政府に決して依存しないでください。すべての社会運動は、個人の情熱によって創造され、導かれ、鼓舞され、可視化されていくのです[67]」。日本には、政府が掲げる、GDP伸長のために女性を活用することが主でありメディアも助長しているウーマノミクス以上のものが必要です[68]。

1993年の初来日そして1994年の再来日を通し、日本では女性が脇役として位置付けられており、それは経済的にも国際的にも危機的であると確信しました。

その頃世界でまだ第2位だった経済大国日本が、しっかりとした教育を受けた能力の高い彼女たちを、女性であるというだけで十分に活用していないことは私には意味を見い出せませんでした。単純に、これは特許取得済み性差別だと見なすことはできませんでした。

日本は、社会的役割を性別で分離したことによって超世界経済になりました。公共の職場は男性が支配し、一般家庭は女性が家事、育児、家計を管理する場でした。それは文化的規範と制度的任務の伝統であり、乗り越えることは難しいものです。

1994年秋、二度目の日本訪問を終えて帰国した際、栗山尚一氏の優雅な奥様である栗山昌子さんの取材を行いました（1992－1995年）[69]。

アメリカ西北部ワシントンにあるアメリカ大学の近くでしたが、日本人の邸宅を訪れるのは初めてでした。

話の間で、栗山夫人は私が結婚しているか質問し、そしてクリスマスケーキの寓話を知っているかと尋ねました。

そこで、日本の女性には結婚適齢期がありそれはクリスマスと同じ25日（歳）だったが、彼女が冗談めいて語った1990年代半ばに寛大にも12月末まで延長され31歳が女性の賞味期限であるということを初めて知りました。

今日では、クリスマスケーキを1月まで冷凍し、結婚を遅らせたり未婚のままでいる女性もいるようです。

私が当初日本と関わった時期は、日本経済が低迷し、女性による付加価値が経済復活に必要とされていることを確信した時期と重なります。しかしなぜそれは起こらなかったのでしょう？　フィンランドのホフステード・センターが提唱しているひとつの説明は、日本会議が掲げる近代日本の描写にもかかわらず、日本は産業、教育、政治において（おそらく男性を中心とした）競争が激しい男性社会であるということです。

文化研究者ヘールト・ホフステード（Geert Hofstede）は、日本は「世界で最も男性的な社会のひとつ」と語っています[70]。男性社会は、競争、成果および測定可能な成功を重視します。成功は、スポーツと教室という場で小学校から始まる勝者または最高峰という勝敗が明確な競争を指します。そのような社会は、階級や履歴により成功者が決定されるため階層的にできています。日本の戦争を放棄する第9条が継承されていようと、今日の日本に依然大きな影響を及ぼしている軍事帝国の過去になぞらえてしまいます。

日本が高度に軍事主義的だとは思いませんが、この文脈では、生活の質についても、女性的傾向より男性的な成功という尺度で評価されていることにも表れています[71]。勝利のために戦うという非常に男性的なものは日本のおもてなし産業を含むあらゆる場に浸透しており、今や日本のパブリック・ディプロマシーの焦点のひとつとなっています。

日本の男性社会は、モノづくりや旅行業のようなサービスそしてラッピングや食事などのプレゼンテーションにおいて卓越性と完璧さをすべての側面で追求しています。悪名高い日本の仕事中毒も男性社会を表すものです。女性が日本の企業で成功することは、厳しい長時間労働の男性的規範の中では今以て難しいのです[72]。

このグループ間競争指向は、日本の名刺が個々のやり取りの場で中心的役割を担っていることが事例として挙げられます。名刺は日本社会にとって非常に重要であり、名刺交換の方法に特化したウェブサイトさえ存在します。「名刺を持たずに会合に現れるのは失礼だと思われます。席から立ち相手の目を見て名刺交換することが好まれます」[73]。

名刺は、その個人についてというより、学者、政府、業界など、その個人と所属団体との関連についてより詳しく説明するものです。名前と連絡先の情報だけではなく、組織的な結びつきを持たない名刺を渡すと、困惑されてしまうかもしれません。私は安倍フェローの名刺を手渡す際、カリフォルニア州立大学フラートン校教授、そして慶応大学客員教授、安倍フェローであるというこれらの２つのグループからの恩恵を受けました。

安倍と書かれた名刺上のロゴは、私が安倍晋三首相と何らかの仕事をしている可能性を示唆しました。私は、この安倍は首相の父親である安倍晋太郎氏からきており、安倍氏の名の下に学術的およびジャーナリズムに関する奨学金制度のために日本財団に資金提供したことからきていると説明しました。

名刺を、女性の社会的位置付けに関連付けてみましょう。例えば、主婦として家で働く女性にとって、家事は無給であり、相対的価値が低いとみなされ、組織に所属する人と同じような名刺は不要です。

主婦の皆さんが所属する場は、制度的ではなく、男性の配偶者そして家族との関係という個人的なものです。もし主婦の皆さんが名刺を持って、無給で奉仕しているすべての仕事を列記したらどうでしょう。ＧＤＰは単なる賃金労働者による成果ではなく、無収入もしくは対価以下の収入で働く人たち、特に高い評価を以て認識されていない女性たちに拠るところが大きいということを政治家たちに気付いてもられるかも知れません。

私の初来日から20年後に時計の針を進めましょう。順調だったとはいえない安倍政権第一期（２００６－２００７年）に続く第二期は、女性のエンパワーメントという修辞と流行語を中心とした広報活動に象徴されるものです。

安倍氏は第一期目に、政策を展開することは新製品の導入のようなものであることを困難な経験を通し学習しました。導入の成功には、洗練されたマーケティングとメディアが必至です。こうしてアベノミクスが誕生しました。アベノミクスは、財政政策（消費税の引き上げなど）、金融政策（円高）、成長戦略（インフラ投資）という3つの矢から構成されました。目標達成が最も困難な３つ目の矢から、ウーマノミクスが生まれました。２０１３年、安倍氏は、ニューヨークの国連で、日本の女性全員が輝く国を創造するという正式宣言を行いました。

社会における女性の進歩が促進されるほど、成長率は高くなると主張する「ウーマノミクス」という理論があります。女性にとって働きやすい環境を整え、労働の機会や活動の場を充実させることは、今や日本にとって必至といえます。まさしく、焦眉の課題です。「女性が輝く社会をつくる」という宣言の下、日本の社会構造の変革に取り組んできました。

安倍氏がこのように女性の社会的価値を認めるまで長い道のりがありました。彼が２００５年に自民党事務総長として、「ジェンダーフリー」教育運動を断ち切るため党のキャンペーンを主導し、ジェンダーフリー教育は性別に与えられた特有の役割からの解放をもたらすものではなく、「極端な」性教育に繋がると主張したことを思えば、長い期間を経たものだと思います。[74] 第一期安倍内閣の2007年には、「慰安婦」はボランティア以外の何ものでもないと存在を否定しました。彼は、強制的な性的奴隷化の事実を証明する信憑性ある証拠と学者たちの賛同があるにもかかわらず、「強制があったことを証明する証拠はない」と述べました。[75] 二期目の任期中にも、女性は出産後3年間の休暇を取るよう要求し、女性を取り巻く現実をほとんど理解していないことを証明しました。[76]

安倍晋三首相が *Wall Street Journal* に投稿した「ウーマノミクスの力を解き放つ[77]」および国連演説で指摘したように、女性の力を経済に統合することは、国益のためだとしています。

> 我々は、2020年までに女性の労働参加率を現在の68%から73%に高める目標を設定している。日本女性の平均収入は男性より30・2%低い（米国では20・1%、フィリピンでは0・2%）。この格差を埋めなければならない。[78]

> 女性が十分に活用されれば、女性の日本経済への影響は国内総生産（GDP）を13%も増加させる可能性がある。[79]

安倍氏が女性のエンパワーメントに最大限の注意を払っていることに敬意を表したいと思います

が、女性自らが行動しない限り、首相が女性会議に出席し、女性を評価する演説（終戦70周年記念演説を含む）を行なっただけでは、この運動は前進していかないと思います。

日本の女性は自分たちのロールモデルに対して悲観的です。若い女性たちが、政治的および経済的権力のある立場にいる同輩または年配の女性を見かけることは多くありません。日本の国会議員の女性比率は8－9％で、一方、サウジアラビア議会では女性が半数を占めています。[80] 世界第3位の経済大国であり第2位の広告市場を持つ国が政治参加において女性の価値をここまで下げているとは想像すらできないことです。

私は女性のニーズに有利な政策変更に疑問を呈するわけではありませんが、女性が輝く方法を自らが決定できる純粋な女性の手による運動を選びたい。

アベノミクスから派生したウーマノミクスは、男性中心の中に女性を巻き込み、すべての日本人が国益のため重労働に従事する結果になっています。ウーマノミクスは意図せず男性と同じように女性が自ら過労を引き起こすよう促しているのかも知れません。より柔軟なワーク・ライフ・バランスを含む改革が必要ですが、ワーク・ホリック・ジャパンでは長い時間を要すのかも知れません。

今日の日本の女性は手足を縛られた状態のように映ります。彼女たちは、労働市場に参加し労働人口増加をもたらすよう、結婚や出産後も仕事を続けるか、後に職場復帰するよう、絶えまない大量のメッセージを受け取っています。

母親として完璧にその役をこなしつつ、職場に完全復帰することに頼る政府の望みを果たすことができるのか、不安に感じずにはいられないのではないでしょうか。

日本では女性の63％が労働市場に参加しており、妻や母親として「失われた年月」と呼ばれる無収入期間を経て職場復帰する率は僅か33％です。女性の約3分の2（70％）が完全離職か最低でも10年間職場を離れていますが、アメリカ女性の場合は約3割です。

何年も経た後に職場復帰した女性の多くが、以前の階級に戻ることはありません。彼女たちの多くが、低賃金労働、契約社員または非キャリアの道を歩むことになります。一方、日本人男性の労働参加率は85％です。彼らの正規雇用市場は、男性が家族の稼ぎ手であり、ゆりかごから墓場までの終身雇用制度を含む男性社会そのものです。

もし私が安倍氏と会う機会があれば、次のような話をしてみたいと思います。「日本の女性たちは既に労働者です。彼女たちには2つの仕事があり、そのうちのひとつは無収入です。女性たちの労働は、一般的に感謝されず過小評価されていると思います」。

日本の女性の報酬は、男性の3分の1から2分の1です。2015年版ジェンダーギャップ指標では、日本女性の給与が平均で2万4389ドル、男性は4万ドルであると示しています[81]。

日本での、家事労働に係る時間は、女性が1日299分（約5時間）、男性は62分です。女性が管理職に就ける機会は4％以下です。博士号取得者10人中7人は男性です。仕事を持ちながら結婚した女性は、2つの仕事を持つことになります。ひとつは有給、そしてもうひとつは無給です。

この格差は、低賃金層の女性比率の高さや、パートタイム雇用率が男性の10分の1と比較して、女性は3分の1であることからも説明できます。82

日本人女性は、新しい形で政治参加しているかのようで、結婚せず子供も産まないという選択をし、身の丈に合った生活や仕事を追求することで、私生活と仕事のバランスをより多く得ようとしています。

ひょっとしてウーマノミクスは誤った名称なのかも知れません。むしろバランスノミクスまたはジェンダーノミクスの方が的を得ているのかもしれません。より多く女性が労働市場に参加し、より充実した職務をこなし、無給の家事を男性パートナーにも手伝ってもらえれば、出生率すら上昇する可能性があります。デンマークやスウェーデンのように女性の雇用率が高い地域では、出生率も高くなっています。韓国やイタリアのような女性の雇用率が低い地域では、出生率ははるかに低いのです。

今や結婚適齢期のクリスマスケーキのシナリオは存在しません。そもそも、残ってしまったクリスマスケーキは、「捨てられる身」でしたしね。

日本の結婚の平均年齢は30歳、また30代の日本人女性の約3分の1は未婚のままです。このことは東京のような都市部で顕著です。米国の女性は平均年齢27歳で結婚します。

日本人女性の友人によると、子育てしながら専業主婦というシナリオには魅力を感じないそうです。夫は終日働き、夜間には顧客を接待しなければならず、深夜に電車で帰宅します。

彼が家事を手伝うことは少なく、妻には子育て、食事、洗濯を含む、かつて彼の母親がやってくれたすべての世話をすることを期待します。そして夫と彼女の両親が年を取るにつれ、今度は介護にも足を踏み入れることになります。女性が家庭と仕事のバランスをより良く保つことを援助する政策にアベノミクスが完全に取り組んでいかなければ、女性たちは結婚や子育てから益々遠ざかっていくでしょう。

研究データや政治的レトリックにもかかわらず、世界経済フォーラムの2015年版ジェンダーギャップ指標で、日本は145カ国中、スワジランド（102）のすぐ上とキプロス（100）のすぐ下の101位に位置しています。米国は28位です。また高所得国の中で、日本よりも低い地位を占めているのは115位の韓国と中東のいくつかの国のみです。

アゼルバイジャン（96位）、中国（91位）、ロシア連邦（75位）などの低所得国と中所得国も日本を上回っています。このランキングでは、数字が高いほど、性差が悪化していることを示します。日本は、識字率、健康寿命、中等教育における男女間の平等において第1位ですが、総合ランキングが低いのは、女性の政治的エンパワーメントが貧弱であり（104位）、経済的参加と機会が低いこと（106位）が原因です。

日本政府は、しばしば結果が伴わない数値目標の設定を好むようです。女性に関連する数値目標は、他のすべての案件と同様2020年に紐付いています（東京が夏季オリンピックの開催地であることを知らない人はいないですよね）。

行政当局は、25歳から44歳の女性の就業率を2012年の68％から2020年には73％に増やすことを約束しました。また、女性の管理職比率を10％から30％に増やすことを誓いましたが、2015年12月に、多くの点で、遥かに達成不可能な30％からより現実的な一桁台の目標に格下げしました。[83] 例えば、各省庁の新しい数値目標は7％になりました。なんということでしょう。

日本でどれだけの女性が日本企業でリーダーシップを発揮したいと願っているのかという点に関する課題のひとつに、男性だけでなく女性たち自身からの反発があります。飛び石昇格や昇進は数値目標のためだけだと信じ込んでいる中間管理職の男性のみならず、他の女性たちからの反発にも対応していかなければならないのです。

政府は魔法の杖を振るだけで、女性の管理職数を3倍に増やすことはできません。特に、女性たちが職務に対する野心や欲望を持たない場合や、役員専用個室に入っても組織の中で完全に受け入れてもらえないと不安を感じる場合です。また非効率的で非常に長い労働時間、そして同僚男性たちとの飲み会など、伝統的な日本の職場文化に参加したくないと思っている女性も多くいます。

米国では、仕事と個人的な楽しみや私生活を区別する傾向があります。同僚と定期的に飲酒することにはあまり魅力を感じませんし、仕事以外の時間は個人的なものと多くの人が捉えているからです。また一緒にいたい人を自分の意志で選び共に時間を過ごします。日本のような標準的なお付き合いは仕事の一部であり必須だとされていないため、米国ではこのような社交スタイルになっています。

日本人女性の平均寿命は世界最長の87歳です。しかし博士号とハーバード大学MBAを持つ知人の日本人女性が65歳になった時、指導教官トップの座を辞退しなければならなかったと教えてくれました。日本の学術界にいる女性は、企業にいる女性よりもはるかに厳しい環境にいると思います。

博士号取得者は、女性の場合10人中3人、男性の場合は10人中7人です。女性研究者は食物連鎖の一番下にいるようです。多くの女性はパートタイム契約の職に就いています。彼女たちが定められたキャリアの階段を上ることは容易ではありません。２０１０年現在、大学機関の研究者の内、女性は１３・６％のみです。

『高学歴女子の貧困』の共著者である大理奈穂子氏（東京大学一橋大学講師）は、日本のエリート大学の多くを「紳士倶楽部」と呼び、「女性が労働力の20％未満を占めている場合、影響力を持ったり大多数である男性に声を聴いてもらうことは極めて困難である」と語っています。[84] 任意の年齢で女性たちを強制退職させるのではなく、生産的労働期間を長くする必要があります。日本政府は、２０２０年オリンピック委員会委員長に65歳の元大臣を任命しました。政治的縁故主義においては、特別な力が働いているように思えます。

１９８６年、日本は男女雇用機会均等法を可決しましたが、今日でも2種類の採用制度に固執しています。ひとつは幹部候補向けの総合職、もうひとつは事務や総務などを中心とした一般職です。

２０１１年には、総合職の11％が女性でした。今もって女性は結婚と家族のために会社を離れ出産を担う対象と見なされています。多くの場合、日本企業は、女性は出産休暇のために「職場から去る」可能性があるとし、幹部候補として先行投資することを望みません。

ニューヨークに本拠を置くセンター・フォー・ワーク・ライフ・ポリシーが実施した2011年の調査によると、大学教育を受けた日本の女性の多くは、仕事に満足できないため退職しており、その半数近くは上司や職場環境に非常に悩まされたと答えています。これらの女性の中には、産後に職場復帰すると決めた場合、「妊産婦への嫌がらせ」の略である「マタハラ」と言われる職場でのいじめを受けたことを報告しています。[85]

日本の政治は男性中心のままです。女性は粉飾のように前に押し出されることはありますが、全体として多大な影響力を持つ環境にはなっていません。

また、私が知る大学生の若い男女は、政治参加に関心がありません。女性が政治的野心を持っていても、男性社会に足を踏み込むことになるため、やじり倒されてしまうかも知れません。2014年、出産休暇と不妊に関する答弁をしていた女性議員に対し数名の東京都議会男性議員がヤジを飛ばしました。「自分が早く結婚したらいいじゃないか」、「産めないのか」[86]などと叫んだのです。

日本では、女性が家族の世話をしたり、男性雑誌やわいせつ漫画で横たわったりひざまずくといったイメージで捉えられていることを多く目にします。

女性の社会参加を経済的課題であるとして狭義に捉えていてはいけないと思います。これは人権と人間の尊厳に関わる問題です。より多くの尊敬、高い価値観、そして主体性を以て女性と関わることを心得れば、女性の仕事の励みになり、積極性が増し、結婚し子供を育てることで社会に貢献したいと思えるようになるでしょう。

日本の女性に対する総体的姿勢が性的であったり、女性が過小評価され付随的に扱われているとするならば、女性が輝くという首相の呼びかけに女性たちが応えていくことは難しい。しかし、変化は起こっています。

２０１５年6月29日、東京で開催された第3回女性ビジネスサミットに出席しました。日本の米国商工会議所が主催した今年の集会は、２０１３年の数百人から、男女含める７００人の参加者数を達成しました。

首相と米国大使が2年続けて登場し、政治とビジネスにおける女性の存在を高めるというコミットメントを強調しました。安倍氏が日本全国で多くの女性会議に参加することは前向きな変化の兆しといえますが、それだけでは十分ではありません。

私には安倍氏の心情を知り得ないため取り敢えずは信じることにしたいと思いますが、彼の女性を思いやる言葉は、利他主義やフェミニズムの観点から来ていないようです。より多くの日本人女性が労働に従事し、その中には管理職に登り詰める人もいますが、経済的必然であり、性の平等とは切り離されて考えられています。

近年の成長が、サラリーマンの長時間労働と長時間通勤時間、そして女性の家計、子育て、家事その他を含む家庭を守るという明快な分業に支えられてきたことを考えると、もし日本経済がより強固なものであったら首相は家庭を出て就労する女性を擁護するかは非常に疑わしいと思います。

私が出会った日本人女性、少なくとも大都市圏で働く多くの女性たちは、より豊かな生活を送るために結婚や出産を遅らせたり、未婚のまま専門職に従事しています。私自身、都市に拠点を置く未婚で子供のいないプロフェッショナルなので、このことに意見する立場ではありません。

いずれにしても、かつて世界第1位とされていた国（エズラ・ヴォーゲルの1979年の古典『ジャパン・アズ・ナンバーワン』）で、安倍氏が女性に対するビジョンを打ち出すまでに時間が掛かり過ぎたと思います。

2011年以降、GDP第3位の世界経済ではあるものの、年間GDPの2倍の膨大な公的債務を抱え下落している日本は、世界の先進工業国の中で最悪な状態です。

先進国の購買力に関する2011年の世界銀行の調査によると、インドは既に日本より上位に位置しており、日本語の「死」と同じ音読の4位というポジションはありがたくないものです。

安倍総理の純粋主義に関する私の不満がどうであれ、彼が女性と日本経済を同じ土俵に掲げていることには拍手を送らなければと思っています。

日本社会で、前向きでパワーのある理想像となる女性が少ないことにも目を向けない訳にはいきません。日本に住んでいると、コンビニの男性雑誌に見られるように、女性たちは広告、ポップアイドル、アニメの空想ガールフレンドそしてポルノで常時使われています。時折、広告でキャリアウーマンも目にしますが限られたものです。

朝、コーヒーを手にケーブルテレビを点けると、ソフトポルノが放映されています。たいていは、未成年の女性がバスタブに下着のまま入ってキャンディーを舐めているといったものです。これは、2020年までに管理職率を上げるという目標を念頭においてウーマノミクスを考える日本のイメージではないはずです。

実際に、女性は低賃金の非正規労働者の屋台骨であり、パートタイムまたは契約社員の70%を占めており、正社員と比較して低い給与、少ない福利厚生と職の保障という環境下にいます。専門職の女性ロールモデルがまったく存在しないと言っているわけではありませんが、その数は依然として少ないのです。[87] 日本では、日本人女性ではなく外国人女性が女性活躍のモデルとされているのを、特に企業や外交セクターで目にします。

私は規模が拡大する東京の女性会議に出席していますが、女性の登壇者はゴールドマン・サックスのキャシー松井氏、世界経済フォーラムの石倉洋子氏、林文子横浜市長など同じ顔ぶれです。彼女たちは大いに尊敬し賞賛していますが、毎回同じ女性リーダーの顔ぶれで、彼女たちの経歴を知ると、日本における女性のリーダーシップには、新しい人たちの席が限られている閉鎖的な仲良しグループのように感じてしまうかも知れません。

リーダーシップに対する視野を広げ、恒常的に見かけるメンバー以外からも新しい女性たちを取り込んでいくことが重要だと思います。

学術分野においても、女性は事務職や補佐的な立場が最も多く、研究者や教授としての役割はあまり見受けられません。

日本の大学に女性教員はいますが、日本人の中では平均5人に1人が女性で、この4対1の比率は職場における権力、影響力、権限が当然のごとくどこに存在しているかを示しています。大学の学者や研究者として女性をイメージすることはさらに困難です。京都のある教授が、海外と比較した日本は「時代錯誤」であると説明していました。

実際、他のOECD（経済協力開発機構）諸国と比較して、日本の女性学者や科学者の現状は、しばしば時代錯誤であると言われてきました。2013年時点で、日本の研究者は、男性75万9200人に対し女性は12万7800人でした。全研究者のうち女性の割合は14・4％で徐々に増加しているものの、他のOECD諸国では日本の2－3倍であると推定されています。[88]

私が専門とする社会科学分野（政治学／国際関係）では、日本の女性教員は全教員の23％を占めていますが、工学科の女性研究者の比率はわずか9％、自然科学ではわずか13％です。学位が高くなる程女性比率は下がっています。学生の90％が女性である短期大学の場合、教員の半分を女性が占めていますが、一般の大学の教授陣の中では少数派で、社会科学（経済学、政治学、国際関係、地理学、社会学）ではわずか13％です。その一方で、看護、教育、保健、家政科すべての学位では女性の活躍が顕著です。

2015年、在日米国会議所主催女性経済サミットにおける在日米国大使キャロライン・ケネディ

（当時）が発言しましたが、ジョン・F・ケネディ一家最後の生存者としての神話的歴史があるため稀有なものでした。ケネディ氏は弁護士、母親、作家、講演者、そしてとても重要な在日米国政府トップ外交官として、日本における女性のエンパワーメントを取り巻く変化について独自の考えを持っていました。彼女は命に関わる脅威に直面していたにもかかわらず、日本女性のエンパワーメントに対する献身において特出していました。[89] ケネディ氏は、日本企業と日本経済の長期的な収益性には、女性の完全かつ公平な社会参加が最も緊急であり重要である、と発言しています。

日本は、戦後その忍耐力と市場経済の再建において賞賛され続けてきました。世界屈指の労働倫理をもって高水準で豊かな生活と高等教育の行き届いた国家が、人口の半分にあたる女性が、意思決定、研究、管理職の場から除外されているということは、意図的であってもなくても、信じ難いことです。

私たちは、日本が家父長制国家であったということを見過ごすことはできません。女性は歴史的に結婚、出産、そして末子が学業を終え独立するまでの3つの段階で重要な決断を下してきました。[90] これによって、政治や経済における厳しい判断を下す日常は男性に託されてきました。第82代総理大臣橋本龍太郎氏（1996－1998）の妻橋本久美子氏は、「私は夫の仕事に口出しも手出しもせず、干渉することはありません」と語りました。[91]

日本の女性を中央にという主張に対し敢えて付け加えるとすると、彼女たちは既に日本の中心にいるといえます。女性は広告業界を独占しています。マーケティング担当者は、日本人女性の生活様式や嗜好を調査します。東京の通りを歩くと、頭からつま先まで、優雅で洗練された無数の女性を見かけます。日本人女性は、世界で最も優雅で丁寧で洗練されていると評価されています。それはお決まりの見方かも知れませんが、肯定的なものです。彼女たちはクールなアジアのフランス人です[92]。世界のマーケターや文化的創造のために注目されており、衣食住に関わるトレンドを創出しています。人気アイドルでもあるグウェン・ステファニー（Gwen Stefani）は原宿の竹下通りを歩き回っている女子の間でファッションと音楽の帝国を築きました。また日本の女性は世界を旅し、男性よりはるかに多く留学しています。

日本女性は伝統的に、家族、家計、育児を管理しており、離婚や別居後の育児も行なっています。しかし結婚や出産の時期を遅らせたり結婚しないことを選択する女性が増えています。個人的には、現実の日本人女性と、大衆文化に多く登場するぞくっとするような円らな瞳で服従したように満足感を与えるような創作された女性たちとのギャップに悩まされています。

日本の女性に対する期待を考える時、目を奪うメディアが作り上げた女性たちに翻弄されないでください。それどころか彼女たちはこれから益々強靭になり、21世紀の日本を救うでしょう。彼女たちの存在が薄い場は、政治、産業そして学術分野のほとんどです。日本女性は、商業や文化の場では驚異的なソフトパワーを持っていますが、政治的、経済的な場では異なります。この現実は変わらなければならない、変えていく必要があると思います。

A CULTURAL CREATIVE SUPERPOWER

文化的・創造的スーパーパワー

文化は日本の外交関係を推進する力です。時には、それは知名度が低く非戦略的な「クールジャパン」を以てしても、門戸を開くことができます。同時に、日本の専門家でもなければ日本語も話せない人たちは、「知識層」とされる内側の世界から部外者として扱かわれ、外の世界に向け門戸を閉ざしていることが往々にしてあります。

この本の対象読者は、日本の専門家ではなく、また日本語の能力とは関係なく、日本に興味と関心を持つ人たちです。

日本の研究家は、その文化と言語の深い知識に自信を持っているという点でしばしば注目されます。日本文化と日本語は、日本で長年労働や学業に従事した人以外では通用しないと思われています。私たちが日本にどれくらい滞在しているかいつも質問される訳がここにあります。

それは、「判断能力」における序列が、滞在期間によって決定されてしまうからです。新米日本ウォッチャーは、日本について意見するだけの知識が十分ではないと却下されることがよくあります。ですから、ここではっきり申し上げておきましょう。私は、日本の言語や文化において競争力のある人に挑戦している訳ではありません。私がこれらの領域で追いつくことはないので、挑み続ける気持ちもありません。むしろ、専門家ではないという立場で、好奇心をいっぱい膨らませながら、日本の文化をゆっくりと散策しつつ至近距離で観察し、外交にどのように関連付けられているのかを考えていきたいと思っています。

私の目標は、日本との距離に関係なく多くの外国人そしてできれば日本人自身にとって日本がもっと興味深いテーマになるように議論の場をより多く作り出すことです。*New York Times* の一面記事で日本の外交官が米政府に影響を与える努力をなぜ強化しているのかを説明するため、「日本は必ずしも興味深い題材ではない」と記述しました。記事の内容はそれ以上のものだったのかもしれませんが、紙面ではくまのプーさんが友達のロバのイーヨーに関する深刻な問題を抱えているかのように報告されていました。国の強い要望に対するこの扱いは、「失われた数十年」を経た日本が20年もの間ヘッドラインにならなかった代償なのかもしれません。

何人かの日本人の知人は、日本が世界一の長寿を誇っていても、栄光の日々は過去のもので日本社会は死に向かっているという考えを話してくれました。彼らは、世界にとって、日本より中国、韓国、台湾などの近隣諸国の方が重要だと言います。私は日本の栄光の日々が過去のものだとは思いませんし、そうであればエッセイ集を出版する気さえおきなかったでしょう。少しの励ましがあれば、日本人が特に個人レベルにおいて国際関係における潜在力を最大限に発揮することができることに気付くでしょう。

往々にして日本はハイテク炊飯器、自動トイレ、仮想ガールフレンド、電気製品、ロボティクス、絵文字そしてポケモンなどと関連付けされますが、本当の強みは日本人のリアルな感情、感覚、思考、意見などです。

高度に発達した物質主義社会の壁を越えると、人間関係の核心を見い出すことができます。私たちは皆、自分自身について、そして他者との関係についてよりよく理解しようと努力を重ねているのです。

幼少時代、アメリカ南部の教会の合唱隊で歌い、日曜日には説教を聞いて過ごした私は、日本の専門家ではなく、または寄り道しているだけの人に対し、日本という国や人々との繋がりを感じてもらうための文化使節団のように自らを見立てています。

日本語を話さない外国人であっても、日本よりオープンでアクセスしやすい文化圏に行った方がいいのではないかと感じる必要はないと思います。世界における日本の居場所を民主化していこうという活動です。私は、日本人と外国人の間の相互理解を深めるため扉を開いていきたいと考えています。これを実現するには、先ず、日本の文化とコミュニケーションから考えなければならず、その延長として異文化間の理解が出発点となります。他に方法はありません。

私が見つけた日本文化をテーマにした最高の本の一冊に、ロジャー・デイヴィス（Roger J. Davies）と池野修両氏が編集した *The Japanese Mind* があります。[93] このエッセイ集は、日本に関する専門知識を前提としておらず、愛媛大学の異文化コミュニケーション・セミナーの上級生たちによる洞察の旅に読者を誘っています。

日本人を理解する上で最初に提示される主題は「あいまいさ」です。私も同様の意見です。日本人は、西洋人がコミュニケーションにおいて感じる不安が少なく、多くのあいまいさの中で生活することを習得しています。エドワード・ホール（Edward T. Hall Jr.）らの異文化コミュニケーションの文献では、このようなあいまいさや間接的表現を高文脈文化と呼んでいます。エドワード・ホールの著書 *Beyond Culture* の表紙に、日本の伝統的な着物や箸の髪飾りとハリウッドのアイメイクが施された女性が描かれていないことは偶然ではありません[94]。

日本は、世界を代表する高文脈文化を「代表する」という国である点を強調しておきたいと思います。実際の意味を推測しようと努める日常はパズルのようで、ここで暮らすことの魅力のひとつでもあります。

高文脈文化では非言語コミュニケーションに重点が置かれるため、身振り素振りや行動を通して自分自身を操作しながら、混乱しそうな筋書きを理解していきます。そこには障害物もあります。外国人で、たとえ日本語を知っている人であっても、意味全体を完璧に理解することができないかも知れません。

ニュージーランド出身で日本在住の友人であるコール・キャメロン（Cole Cameron）氏は、個人用Ｗｉ－Ｆｉのように機能しているあいまいさに必要とされる強い忍耐について説明しています。

日本で生活してきた長年の経験から、日本人が近くの非言語コミュニケーションと非表現コミュニケーションを媒介する目に見えない個人用Ｗｉ－Ｆｉを使って、頻繁にコミュニケーションを取っていることを学びました。私は時間の経過とともに、このことをより深く理解できるようになり、日本語の「以心伝心」を発見しました。それは、無意識の相互理解を通してコミュニケーションの形態を定義する単語です。英語では、〝tacit understanding〟と訳されています。

言葉によるコミュニケーションがある時でも、その複雑さを増すものに「腹芸」と言われるものがあります。簡単にいうと、暗示的に本当の意図を伝えるということになります。点と点を繋ぎ理解するのは、メッセージの受信者次第です。この神秘的な「無線メッセージ交換」と高文脈文化のはっきりしない暗示の2つの特徴を、低文脈文化で育った人が把握するのがどれ程難しく、それらの存在を少なくとも受け入れるしかないことは想像できると思います。

特にビジネスの環境では、知らない間に事前打ち合わせがあったかのようなメモが回覧され、魔法の如く合議が行われ手間が省かれているといった話を鵜呑みにしてしまいがちです。[95]

この曖昧さからくる安心感は、日本の稲作社会の結果かも知れません。コメの栽培は、絶大な協力関係と相互依存を必要とする困難な作業工程です。人々があまりにも明白で直接的なコミュニケーションをしていれば、容易に紛争が起こり、コメの栽培作業は脅かされたかも知れません。コメはしばしば貿易協議の論点として理解されていますが、米国は日本がコメ市場を開放することを延々とロビー活動していますが、コメは、日本の人々のコミュニケーション哲学に深く根ざしています。

近代日本では、少ない人口がコメの生産に関与しており、多くの外国人労働者が地元民に代わり耕作しています。それにもかかわらず、コメはコンビニのおにぎりから食事の定番にいたるまで、日本の風景のどこにでもあります。普遍的な日本のコメは、言語にまでさえ及んでいます。食事を意味する日本語の「ご飯」は炊かれたコメも意味しています。[96]

現在、ハイテクトイレと共に増え続ける富裕な観光客の中で最も注目されている華麗な炊飯器は、"Designed in Japan" 商品です。炊飯器の中には400ドルから1000ドルまでのものがあり、スマートフォンと互換性があるものもあります。[97] これら炊飯器を含む、コメにまつわるパーソナル・ストーリーを描けば、地方に浸透する文化的格差や緊張の橋渡し役となり、日本の宣伝に大きく寄与することになるでしょう。

2012年、シリコンバレーを拠点とするコンピュータソフトウェア企業の Adobe Systems は、地域ブランドの創造性に関する調査結果を発表しました。「創造の実態」と呼ばれるこの研究は、フランス、ドイツ、日本、英国、米国の世界有数の経済圏に住む人々が、最も創造的な場所がどこだと考えているかを明らかにしました。

日本以外の国々は日本を最も創造的な国と宣言し、東京は最も創造的な都市であると宣言しました。一方、日本の回答者は、最も創造的な国には米国、創造的な都市にはニューヨーク市を選びました。これは、何を意味するのでしょうか。

解説によると、日本は「芸術」と定義される業界や専門家から成るコミュニティを創造性に結びつける傾向があるとされています。アドビ社の調査によると、日本人10人のうち8人近くが、「創造性は芸術家に帰属する」という項目に同意しており、このような意見が大多数を占めている国は日本だけです。例えば、寿司職人は、画家や音楽家と同様、創造的といえる場合もありますが、多くの日本人は、クリエイティブな産業に属さない限り、自分自身を創造的と見なさないのです。

日本では創造性を音楽、風景写真、ご飯の上に乗せた薄くスライスした魚など、形にしなければならず、例えば創造的思考などは一般的に創造的とは捉えられないようです。チームや組織と上手く折り合うためには、自らの創造的思考はプラスには働かないようです。時に創造的思考は、実際、社会的成功の妨げにすらなるようです。対照的に、創造性について米国人に尋ねると、ほとんどの人が「ええ、もちろん、私は創造的です！」と答えます。

日本人や長年日本に住んでいる外国人から何度も聞いた話ですが、日本の教育制度は、個々の学生の自由な創造性を重要視していないということです。大部分の時間が、個々の学生の高等教育の方向性を決定付ける全国で開催される入学試験の準備に費やされていることも理由のひとつなのかも知れません。

成人してから人生の大部分を海外で過ごした日本人の友人は、子供の頃に正確な漢字を書く方法を学ぶために、四角い枠の中に慎重に筆跡を残さなければならなかったそうです。ここでは完璧な筆跡が重要だと強調していました。そして毎回同じことを繰り返すのです。言い換えれば、おそらく、枠の外でぬり絵をしたり、枠を飛び出して考えるのに十分な時間が与えられていないのでしょう。

若者は、経済社会参加のため準備がありますから、そのようなことは人生の後半で許されるのかも知れません。日本では、暗記が一般的で、偉大な文学作品も学生自らではなく先生によって解釈されることがほとんどです。第二言語としての英語は、JETプログラムの外国人補助教師が従がう日本語が母国語の教師によって教えられています。さらに、英語は、選択式試験の準備のため文法と語彙を一緒に教えています。もし少しの時間の余裕があり、異なる言語で自分の意見やアイデアを創造性豊かに共有することができれば、英語学習はもっと楽しくて心地良いものになるでしょう。この現状は、第二言語として英語を学ぶ日本人学生が英語を話すことを恥ずかしく思ったり話さないという重要な課題に繋がっています。

日本での会話において、創造性豊かに互いの考えを共有することが不足していることを、私立大学で経験しました。上智大学は、日本人学生の英語力が非常に高いことで評価を受けています。

私の生徒は、聡明で学習能力も高く、筆記英語に優れていました。しかし、筆記に重点を置いた中等教育の影響を受けているため、話す英語の十分な準備ができていないことが分かりました。そこで私は討論の質問をボードに書いて、学生がメモにして書いた回答を教室で収集しました。その中から、最良と判断した答えを選び、それを書いた学生は特定せず、「ある人が書いた答えについて触れたいと思います」とコメントする方法を取りました。

クレアモント大学院大学でクオリティオブライフ研究所の共同所長を務めるミハイ・チクセントミハイ（Mihaly Csikszentmihalyi）の著書『クリエイティヴィティ：フロー体験と創造性の心理学』

の中で、創造的な人は逆説的であると定義しています。

精力的であると同時に静寂や安らぎを求めている。聡明であると同時に無知。遊び心があり規律もある。責任感の強さと無責任さを持つ。反抗的で自立している。情熱的で客観的。想像力豊かで時折空想に浸っているかと思えば現実的でもある。外向的で内向的。謙虚で誇り高い。性差を超えたところに存在し人に依っては両性的な傾向がある。「創造的な人の開放感と敏感さは、往々にして苦痛を伴いますが、同時に多くの楽しさに溢れています[98]」。

日本のアニメや漫画業界、コスプレやオタク文化そして性別、年齢、職業、関係性、地域、教育などにより形成されている多くのサブカルチャーにおける創造的属性を、日本に投影することは十分にあり得ると思います。

このことが、海外から見ると日本がとてもクリエイティブに映っている理由ですが、日本人がなぜ個人の創造性を敢えて分離し、創造的な側面を前面に出さないのかは説明されていません。創造性からほど遠い名称の政府機関が何らかの回答を持っているかも知れません。統計数理研究所は、戦後から現在に至るまで、日本のイメージ調査を継続的に実施してきました。その内容は驚くものです。

占領時から21世紀にかけて日本社会で様々な変化があったにも関わらず、日本人の価値観や自己評価は非常に一貫しています。

50年（1958－2008年）にわたり、回答した日本人の大多数が、勤勉、丁寧、親切、忍耐強いという4つの特徴において高いまたは非常に高い自己評価をしています。[99]

一方、自らを理想主義者だと回答したのは、1958年に3人のうち1人（32％）という高い評価であったのに対し、2000年代には5人に1人（20％）という評価になっています。自らを元気であると回答したのは、1958年に23％、1963年には14％に減少しました。

そして、合理的、自由主義的、緩やか、創造的という4つの特性では、どれも二桁に届きません。この中で最も低いのが創造的です。過去70年にわたり、創造的において二桁に達したのは二度だけでした。1983年が11％、1988年が10％、そしてその他の年はすべて7－9％でした。

日本人の友人に、創造性をめぐる日本人の自己評価が低いことを西洋人の私がどう理解すればいいか尋ねた時、それは個人というより集団的な理由であると説明してくれました。「出る杭は打たれる」症候群ということでしょうが、可能性のある理由のひとつでしかないと思います。

社会的な意味では、日本で創造的であることは標準外と見なされますが、この点こそが世界の多くの人々が、日本を発想と想像力の両方で創造的であると新鮮な目で評価していることに繋がります。しかし、日本では定められた規格から遠く離れてしまった個人は、社会的孤立の可能性に苦しみ、そもそもが罪と見なされ、経済的生産性の低い人物と見なされてしまうのかも知れません。

このことが、私が日本で会った芸術家たちの多くが、若く柔軟で市場に向けた提案能力があるか資金援助を受けているという方以外、ぎりぎりのところで活動をしている理由かも知れません。自らの芸術のために人生を捧げることは創造的かもしれませんが、貧困にも繋がります。勤勉といわれる日本人が、創造性を芸術的表現にのみ関連付け、作者自身の思考や心についてあまり触れられないことと関連しているのでしょうか。外国人は創造的な日本を評価しています。なぜ日本もそのように考えることができないのでしょう。

BRAND JAPAN: PAST, PRESENT, FUTURE

ブランド・ジャパン：過去、現在、そして未来へ

北東アジア地域では戦争によって荒廃した歴史が浸透しており、中国、日本、韓国のいずれも、主観的に捉えられた過去の記憶が敵対的な流れを加速化させており、共通する経験や価値は認識されないまま、「仮想の相手」のイメージを超えることができないようです。

悲惨な戦争の終結から70年が経ちました。安倍晋三氏が率いる誇り高い政府は、栄光の過去を取り戻し、愛国心を回復させるため歩んでいるようです。

この努力は、世界での日本に対するイメージを、紛争解決のために力を使うことを永遠に放棄した戦後の平和主義国から、自衛隊を攻撃的緊急性の下、集団防衛に転向させることを主張する軍事政権のイメージに変えていく試みのようです。

これには、海外の国家紛争に介入すること、または世界有数の軍事力である米国の支援を受けることが含まれます。しかし、国家主義的で誇り高い結果は、これら強硬な手段を正当化するものでしょうか、日本国民は、国の在り方に対するこのような歪曲に明らかに反発しています。

自衛は良い選択肢であり、多くの世界の災害から身を守ることができ、もたらされる平和は田舎の温泉のように安らかなものです。

悲惨と破壊から生まれた日本の憲法第9条を何故破棄するのでしょう。この政治的変化に向けた圧力の多くは、安倍氏の個人的な意志から来ているものです。

安倍晋三首相は、外務大臣を日本史上最長期間務めた安倍晋太郎氏の息子ですが、現首相の意識と記憶、呪縛的ですらある影響力を持っているのは母方の祖父岸信介氏でしょう。

岸氏は、第二次世界大戦の終わり、敗戦した帝政政府を支持していたため「A級」戦犯容疑者と見なされ、投獄されました。後に、彼は起訴されることなく裁判なしで釈放されています。日本が1952年に占領期を終えた後、岸は政治的成功を収め、第56と57代目の首相に就任しました。彼は1960年に激しく争われた安全保障条約を改定させ、日本の歴史上最大のデモ隊を生み、辞任に追い込まれました。岸氏の孫である現首相の心理学的分析をしたとすれば、祖父が戦争犯罪で告発された巣鴨刑務所の記憶が安倍晋三氏の心を捉えて離さないということでしょう。

2015年4月、安倍夫妻が米国を訪問しました。米国メディアの眼鏡を通してみると、*The National Interest* の「安倍氏の素晴らしい冒険」という見出しにあるように、非常に成功した個人的使命だったようです。[100]

「安倍晋三首相の訪米は、いかなる意味合いにおいても素晴らしい成果を生んだ」と、保守的な週刊誌 *National Review* の中でマイケル・オースリン（Michael Auslin）が賞賛しました。[101] ワシントンで行われたいくつかの安倍関連イベントに出席した彼は、首相の「笑顔外交」[102] に明らかに魅了されており、オースリン氏が東京であまり多くの時間を過ごしていないことを確信しました。何故ならば安倍氏は反対派やデモ隊に対しても笑いかけているように見えることがあるからです。

いずれにしても、安倍氏の米国東海岸と西海岸への旅が、日本が表舞台に戻ってきたこと、日本が米国の歓迎すべき同盟国であり、戦後、両国は子供の臍帯が母親と繋がっているかのように互いに結ばれているという点を米国民に示したことになります。

安倍首相の訪米時に発表された日米共同声明は、この先進的な取り組みを強化したと同時に、抑止と防衛の仕組みにもかかわらず、過去70年の日本の平和主義の伝統を打ち砕き合同軍事演習の可能性を強化する結果となりました。[103]

この安倍氏の春旅行の成功は、第二次世界大戦の終結から70年経った今、日本が世界で最も親しい同盟国のひとつであり、アジアでは最も近い同盟国であることを米国民に思い起こさせたことでした。

安倍氏の素晴らしい冒険（2015年4月26日－5月3日）がロックンロールの旅（#AbeInTheUSA）とまで高められたツイッターを、東京の自宅ですべて読んで、私は両国がかつて憎き敵として死と破滅に向った時からどのようにしてここまで来たのか考えさせられました。私は父が20歳の海軍大尉の時に生まれた娘で、日本が戦艦を放棄し正式に降伏してから8ヶ月後にUSSミズーリ（BB－63）に搭乗しました。今日の米国と日本の緊密な関係は、驚異以外の何ものでもありません。しかしその上で、日本は米国の影の外に出なければならないのです。日米の二国間関係とは別に、日本独自のメッセージで世界との独自の関係を伝えることによって実現していくことができます。

日本は既に確立されたブランドです。質へのこだわり、精度の高さそして表現において評価されているものです。既に日本がこのようにポジティブなイメージとして存在しているのなら、日本のブランド化をさらに促進する必要はあるでしょうか。謙虚さを重視する多くの日本人にとって、自分自身を宣伝することはあまり評価されません。私は、日本の文化的ＤＮＡである謙虚さが故に、国の宣伝を制限するというこの常識に挑戦したいと思います。皆さんは、日々、広告宣伝に反応しているはずです。世界最大のメディア市場は米国で、第二は日本です。世界最高のメディアとエンターテイメントの都市はニューヨークです。そして東京は、地球上で二番目に大きなエンターテイメント＆メディア市場規模です。そう、地球上でです。東京は、２０１４年までエンターテイメント＆メディア分野でニューヨーク（19・7億－19・5億ドル）を凌駕する第1位でした。広告はすべて宣伝です。皆さんにとって最も身近なはずです。渋谷、新宿、東京メトロで広告に出くわすところを想像してみてください。至る所で、製品が広告宣伝されています。製品がどのように放送され、提供されるかという点ですら宣伝効果があります。

他国と同様、日本は自国に対する評価にこだわってはいますが、評価を要求しないという礼儀を踏まえているとされています。日本が米国と異なるところは、米国では自己宣伝は謳歌され、否定的なものとはみなしません。私たち米国人は、発言することに重点を置いており、自分が何者で、どのような能力があるかを伝えます。日本が一線を引いているのは、公的な立場と私的な自己（もっと複雑な内容ですが、要約すると本音と建前）の間です。日本でもパーソナル・ブランディングは存在しますが、公的な場におけるブランドとの比較において非常に弱いものになっています。日本政府は、自らを無限に宣伝広告しています。愛国者の声は高らかです。巨大産業も同じです。日本の広告を支配する48階建ての電通タワーと上位5位のグローバル広告主を超える広告宣伝の叫びはありません。日本が、広告宣伝に肯定的であるという事実を率直に認める必要があります。広告宣伝は現代のグローバルなデジタル社会における私たちの生活における風土病のようなものです。Facebookですら時系列で主に個人を宣伝する場になっています。

とはいえ、通常のブランディングと国家ブランディングを区別する必要はあります。日本でのブランディングは、主に商品やサービスの宣伝を意味し、海外の高級ブランドが最も一般的に目にするものです（Kate Spade, Michael Kors, Gucci）。しかし競争の激しい世界経済において日本の立場を強化することに貢献し総合的な名声と評価を受けている日本という国、人々、文化など、国家ブランドに対する認識の重要性により注目すべきでしょう。

分かり易いところからお話ししましょう。日本は、世界貿易の中心的な役割を果たしており、ここ数年で円安が進み、観光客（中国、台湾、韓国）で溢れています。輸出を増やし、より多くの海外直接投資とベンチャーキャピタルを促進することは有益です。このためにブランディングの重要性を無視することはできません。世界のトップエコノミーであり、60年代から80年代に経済的奇跡を遂げ、今日では米国と中国と共に世界3大経済圏のひとつとして世界に認められているという、他国と同じようにブランド化がされています。

日本の課題は、地域における評判を築く場合、他国に追従している点だと思います。中国と韓国の国家ブランド化は既に先行しています。それはそんなに容易なことではありません。例えば２００４年に設立された中国の孔子学院は、２０２０年に１０００拠点に増加すると見込まれています。彼らは、そのテーマ性や文化センターのプロパガンダの性質に疑問を抱く米国を含むいくつかのホスト国からの反発を受けています。このように時には国家のブランド化にあまりにも多くを投資することで問題が生じる可能性はありますが、投資されないことも問題です。

韓国は世宗学堂と韓国文化センターを通し、独自のアプローチを取っています。現在、東京、四谷で、日本財団の本部から数分のところに韓国文化センターがあります。このセンターは、24カ国にある29カ所のセンターのひとつです。日本財団は２０１２年に創立40周年を迎えました。23カ国に24の海外支店があります[104]。２０１２年12月に安倍首相が就任した時、日本のパブリック・ディプロマシー予算は10年間減少し続け、当初の3分の1になっていました。安倍氏は、世界で「美しい国」日本というイメージを改善することを誓いました。それ以降、２０１３年末に経済産業省のクールジャパン機構が発足し、２０１５年にはジャパンハウスが発表されるなど、世界的な広報活動が行われ、パブリック・ディプロマシーによるグローバルで魅力ある積極的な活動が増加しました。

ではブランド・ジャパンの、韓国や中国に対する差別化は何でしょう。日本では、カワイイ文化が際立っており、特に女の子と女性的感性の両方に関連する文化的に固定されたイメージになっています。アニメやマンガなどのオタク文化も日本に関連付けられますが、日本発祥であってもNetflix、Amazon、Huluのようなアメリカ企業が日本支社を開設し自然に世界に広がっています。

日本政府はこれらの産業を世界的に促進する必要はありません。政府の基本的な懸念事項は、教育、サービス、言語、そして社会が海外の目にどのように映るのかといった点で、日本の純粋なイメージを完璧なブランドとして維持することです。礼儀作法は当然のことです。日本文化の表層的な部分には、外国人が日本に受ける印象に影響する、形式的な品行方正さがあります。日本を初めて訪れる者は、日本がいかに素晴らしく清潔で、人々がどれほど品行方正で、一般的に静かで礼儀正しく行動しているかについて話します。ここでは、声が大き過ぎると、非常に失礼だと捉えられます。外国人の多数が集まる大都市での日本人の服装は、頭からつま先までよくまとまっています。この洗練され、しばしば単色の服装は、私が〝The Nines〟と呼ぶグローバル広報企業のアイデアに影響を与えました。これは、英語の〝To the Nines〟という表現が基になっており「偉大かつ精巧で、最高度の完璧さ」という意味です。日本の女性たちはしばしば〝To the Nines〟に基づいた服装をしています。この定番化された日本の女性像は、隙がなく、洗練され、非常によく表現されており、女性ブランドとして世界的に知られています。

逆説的に、日本はグローバルコミュニケーションを過小評価し、同時に特殊性を過大評価する傾向があります。日本の持つ両刃の剣は、文化の「唯一性」であり、日本は世界のどことも似ていないということです。例えば、ＢＢＣのアニータ・ラニー（Anita Rani）記者は２０１３年に公開したドキュメンタリー『セックスお断り。我々は日本人です。』の中で「世界の人口は70億人であり増加し続けているが、東京に来ると世界のほとんどの人が東京で暮らしているように思える。しかし日本は世界のどの国とも大きく異なる。そして男性と女性は離散している」と述べています。これは彼女の意見だけではなく、多くの日本人も同じ意見だと思います。

日本の文化は特徴的ですが、海外からの観光客が享受しているもの、特に安全性、利便性、料理、宿泊施設、公共交通機関の高い基準など共通点があります。これらが、体験され評価されること自体はそんなにユニークなことではありません。「あなたが本当に日本を知ることは決してないだろう」という言葉を聞くたびに1万円を貰っていたら、今頃大金持ちになっていたことでしょう。日本は文化と言語の両方で十分に理解可能ですが、後者に関しては私自身苦労しています。日本社会の欠点を含むすべてに深い愛情を持ち称賛する地球市民として、日本での目的を信じていなければ、私は南カリフォルニアから日本へ生活拠点を移すことはなかったでしょう。

世界に打ち出していける日本の普遍的な道徳的価値は、約束に忠実であることと個人的犠牲も厭わない労働倫理です。それは、儒教の価値観に対する日本の解釈に基づいています。日本の価値観は、社会調和であり、個人の言動が他人にどのように影響するかを心に留めている公共的姿勢は、キリスト教を基本とした私の教育的背景を再構成させるかもしれない程の絶対的規範です。日本の道徳に関する文献のほとんどは、白か黒かといった絶対的な行動規範は、状況に基づいた相対主義的倫理の前では色褪せるとしています。状況に合せた正しい言動が求められているのです。

日本が同一で同質の文化であることはある意味事実ですが、誤解を招くこともあります。支配的で定型化された社会構造の内側には、多くのサブカルチャーで構成された多文化社会が存在しています。日本の厳格な規則は、社会的秩序に反した間違いや違反を必然的に起こしそうな外国人にとって、少々説教じみた日本の印象を持たせる結果になっています。海外から入ってきた儒教の哲学は、日々の生活を守り、社会的秩序を支え、日々その恩恵を受けているのです。

日本人は主に自らの立場を、帰属している場（大学、職場、家族、先祖の村）を通して考えるため、グループ内およびグループ間の関係の方が個人の選択より優先されます。日本でブランドを宣伝広告する際、多くの場合、差別化を図るより、既定の枠内のより多くの人に適合するよう設計されます。同様に、倫理に関しても、普遍的あるいは絶対的なものよりも相対的で状況的なものとして定義されることがよくあります。

相互関係の下、強く繋がっている日本人は、外国人や部外者など、自分の所属するグループとは関係のなく公平ではない立場にいる人と対応しなければならない時、礼儀を忘れる傾向があります。このことは、外国人とのコミュニケーションがうまくいかない傾向にも繋がっています。また日本人の多くは、自信のなさからくる謙虚さと羞恥心のため、接することを難しく感じているようです。グローバル・コミュニケーションの欠如は、本質的に日本人共同体の外にいる外国人にどう対応すればいいのか分からないという真の混乱から来ています。

解決策は、日本語の能力に関わらず、外国人コミュニティをよりよく活用することです。外国人は様々な理由から日本に滞在しています。仕事のために日本語を勉強することや短期の学位取得（文化／教育交流）などです。

またすべての外国人が日本ブランドを推奨したいわけでもありません。世界には既に日本を紹介している外国人がたくさんいますが、日本人の傾向として日本人だけが日本の本質を最もよく代表できると信じている傾向があります。これは内的にはうまくいくかも知れませんが、外部に向けてはうまくいかないと思います。私自身も外部環境の中に置かれています。例えば、クールジャパン機構は、心地良い関係にあるビジネスパートナーと協力し官僚によってほぼ全部運営されており、国内に根差した企業が優遇されています。同様に、日本のオリンピック委員会の役員は全員日本人ですが、オリンピック活動と組織はグローバルなものです。世界における日本のブランド化は、世界的な取り組みのはずです。

日本にはよりグローバルな視点が必要です。世界世論を牽引するグローバル・メディアやソーシャルメディアが重視し、日本のあらゆる動きを評価している中、今の状況は成功に繋がっていくとは思えません。２０２０年に近づくにつれ、世界全体が日本を見守り続ける先に何を期待するのか、十分な考察が必要です。

２０１６年は世界的課題が議論された年であり、世界における日本のリーダーシップの役割を果たすための完璧な年でもありました。２０１６年、日本は国連加盟60周年を迎えました。２０１６年１

月1日現在、非常任国として国連安全保障理事会に11回参加しています。伊勢志摩で開催されたG7サミットで強調したように、健康とウェルネス、長寿、そして持続可能性に対するメッセージを通し、主要な文化経済指標を提示する機会でした。しかし日本は世界的課題について議論することにあまり成功していないと思います。一方、製品、特に大衆に人気があり流行しているものを宣伝広告することには非常に長けています。

日本の主な課題は、グローバルな視点を持つ翻訳者、調整役、語り部、記者が少なく、また活動的で活発な外国の報道機関の存在も弱い点です。公益財団法人フォーリン・プレスセンターの赤坂社長は、この10年間で日本は外国の特派員の半数を失っていると述べています。彼らはより多くの事象を求め他の国に移動しています。この結果として、日本で実際に起こっていることと世界が知っていると思っていることとの認識のギャップを生んでいます。

共和党大統領候補のドナルド・トランプ氏は、中国と日本を切り札にして再び重要性を増しているようですが、世界にとって日本はそれほど重要でなくなっているようです。「中国から雇用を取り戻すつもりだ。日本からも雇用を取り戻す」。トランプ氏は、安倍晋三首相について「非常に頭がいい」と言い、キャロライン・ケネディ（前）駐日米大使について「彼女は（日本が）望むことは何でもするだろう。何でもだ」と述べました。

私が東京のどこかに初めていく時は、グーグルマップで確認し、道順を探します。ワンクリックで、列車、タクシー、または徒歩でどれくらい掛かるかを知らせてくれます。日本が世界の他国に伝えるべき重要なメッセージは、日本の国は移動しやすく、外国人に優しいということです。日本は、評価されている以上にローカルであり同時によりグローバルです。ハンバーガーやピザだってあります。未経験者にとって難解さはあまりありません。

日本の世界に対する宣伝広告の多くは、富裕層の旅行者に象徴されるような日本の専門家や海外エリートに向けられています。現在、日本政府観光局（ＪＮＴＯ）のキャッチフレーズは、〝Japan. Endless Discovery.〟ですが、以前の〝Yokoso, Japan〟はほとんどの外国人が理解できない歓迎の言葉でした。

日本への来訪者数は２００９年には６７９万人でした。[105] ２０１５年には１９７０万人に増加しましたが、香港、中国、韓国、マレーシア、タイの方が、依然、高い数字を示しています。２０１４年の日本の年間総訪問者数は22位、アジアでは7位、旅行者数は１３４０万人でした。

一方、上位3国では、フランスへの渡航者が８３７０万人、中国が６５００万人、米国が７４８０万人です。

初めて東京オリンピックが開催された１９６４年には、40万人の国際観光客が来日しました。そして２０１７年は２８６９万人を記録しました。

世界の人たちが、最も訪問したい観光地として自動的に日本を選択している訳ではありません。夢として描くことはあるかもしれませんが、現実には遠い地です。そして主な課題は言語とコストの壁です。

評価すべきは日本の政府環境局が、ホームページ（https://www.jnto.go.jp）に「お手頃価格の日本」というセクションを追加したことです。続く円安が訪問客の大きな伸びを裏付けています。日本はよりお手頃になりましたが、アジア圏以外に住む人々にとっては、日本と自国の貧富の差に対する意識が依然続いています。

そして何より言葉の壁は深刻な問題です。世界で15億人が英語を学習していることからも分かるように、第二言語として世界で最も重要とされているのは英語です[106]。母国語を話す人口としては北京語がもっと大きいですが、増え続ける英語人口に匹敵する言語はありません。英語が帝国主義的な言語として日本文化に影響を及ぼすとする一部の人たちの評価は払拭しなければならないと思います。英語を学んでも、日本らしさが損なわれる訳ではありません。英語を学ぶことで、より普遍的なものが身に付きます。本格的な英語が中学まで学べないというのは許容できないことです。東アジアの近隣諸国では早ければ小学生から英語を勉強しています。首都東京でさえも、国際的なホテルで英語対応能力が欠如していることに外国人訪問者が非常に驚いていることを耳にします。

慶応義塾大学で２０１４年に開催された会議のため初来日したヨーロッパの団体は、日本での滞在を徹底的に楽しんだものの、他の多くのアジア諸国の方がより良いコミュニケーションができるため、再来日する可能性は低いと語っていました。

日本では、そのアジアに対する意識と同じように、グローバルなコミュニケーションを理解する上で、仲間同士／部外者という線引きが未だ存在しています。日本は自らをアジアと切り離して考えていますが、これは間違いだと思います。日本はグローバルかつアジアのリーダーである必要があるからです。タガート・マーフィー（R. Taggart Murphy）の著書『日本と過去の崩壊』の中で「日本の原罪はアジアから分離しようとしていることにある」と語っています。

私は、「日本政府、一般市民そして企業が、２０２０年に向けて日本ブランドを促進するために何ができるのか」とよく尋ねられます。以下が私からの提案です。

・日本の特異性を打ち出すだけでなく、グローバルな渡航地としてのプロモーション
・国際的な旅行者が持っている大きな懸念点である安全・安心を強調する
・日本語を話せる外国人だけでなく、日本に親しみを持つその他の人たちをもっと受け入れる

世界と関わっている日本人は、あらゆる点において自身が日本の対外的関係に不可欠な存在であると認識する必要があると思います。ＮＨＫの友人である高島肇久氏は、「日本の最大の弱点は、国民自らが日本の情報を世界に広める努力に直接的に影響していることを認識していないことにある」と述べています。[107]

公益財団法人フォーリン・プレスセンター（日本政府のパブリック・ディプロマシー機関）理事長赤阪清隆氏は、例え日本国内で活発な議論があったとしても、海外の人々がそれを知らなければ、日本は世界に発信する声を持っていないと評価されると語っています。

そして、日本が世界に影響力のある媒体を持つと共に、世界的視点を持つ有能な人材育成の重要性を強調しています。

日本にはもっとできることがあるはずです。これは私だけの意見ではありません。私の知る日本の専門家は既に同様の発言をしています。彼らはすでに、グローバルな戦略的コミュニケーションが日本の弱点であることを知っています。これが現実なのです。では、このことについて私たちは何ができるでしょう。世界における日本の位置付けを強化する方法のひとつは、日本の中核的強みを特定することです。国際関係専門の教授として私が容易に認識できるのは、日本のＯＤＡ力（国際的な政府開発援助）です。

日本は、政権や内閣府の両面から、そしてさらには非公式には草の根的に、国際機関との協業についてより多くの会話を進める必要があります。

世界的に活躍する日本人は多くおり、皆が起業家ではありません。彼らの行動を市場に伝えていく能力を強化する必要があります。新しい安全保障法案や経済だけに留まらない物語が、日本にあるということを強調したいと思います。

アベノミクスや日本の安全保障政策（日米安全保障同盟）の変更は、グローバル・メディアでも大きく取り上げられている一方、日本の国連における役割や多国間外交努力などは影を潜めています。環境保護、武器削減、人権の分野における貢献が減少し、代わりに軍事的、国家的、経済的安全保障上の重要性が台頭してくるならば、日本の国家ブランドが希薄化するかも知れないということを懸念しています。

日本の広告宣伝や報道は、海外の人々が料理や話題性ある伝統的文化に類似することを好んでいると思っているようです。私たちの中には、自分たちが日本人ではないからこそ、少数派としての特権からくる機会を楽しんでいる者もいます。日本を訪問したり滞在する時に体験する、究極の「場違い」さすらも楽しんでいます。これは何か特定のものに限られる訳ではありません。「日本のどんなところが好きですか？」「あなたは日本食が好きですか？」などはよくある質問ですが、これらは日本人の奥ゆかしさと丁寧さを象徴していると思います。

それでは敢えてここで、日本の文化的矛盾、特定の産業における日本のダークな側面、広告イメージ、報道環境、政治的影響について語ってみたいと思います。私の知的好奇心と探究心は、礼儀正しく文化遺産について語る人たちと常に相容れるものではないからです。

JAPAN'S ORIGINAL PUBLIC DIPLOMATS: TOKUGAWA AND FUKUZAWA

日本の元祖公的外交官：徳川家康と福沢諭吉

この本は、東日本の大地震・津波・原発事故が起き3・11として知られている東日本を襲った災害から5年を過ぎた時期に発表しました。民主党の菅直人首相は、第二次世界大戦後、日本が直面した最悪の災害であると称しました。荒廃と哀悼の永遠の象徴である3・11とは対照的に、3・11は私の仕事と私生活の再生と刷新を意味します。

私は2011年3月11日の週に喜ばしい知らせを受け取りました。東京にある日米教育委員会からフルブライトの奨学金を受け、歴史あるイエズス会カトリックの上智大学でアメリカの外交政策と文化を教えることになったという通知です。日本が直面していた最悪の自然災害を考えると、この交換留学の機会を私自身、どれ程の想いで受け止めていたか想像していただけるでしょう。この二度目のフルブライト奨学（私はドイツ連邦共和国での最初のフルブライド奨学生でした）に対する喜びでいっぱいであると同時に、日本の未来に対する災害の影響をひどく案じていました。

単純かも知れませんが、私の母国で起きた9・11以降のように、3・11はその後の日本の日常になってしまうのでしょうか。[108] 実際に福島第一原子力発電所で起きた事故の恐るべき事実を東京電力が発表した際、人災（組織的隠ぺい）であったことを知り、実際私の怒りは安堵に変わりました。何故なら、将来に向け予防可能であることが分かったからです。泉田裕彦新潟県知事は、「原子力発電所を経営する会社には、嘘をつかない、約束を守る、社会的責任を果たすという3つの要望がある」と語りました。[109] 会社の経営陣が責務を果たさなかった一方で、原子力発電所の労働者と地域の人々は責任ある行動を取り続けました。

世界に点在する私の仲間たち同様、この国家的災害が国際問題に発展しないように、自身の健康と安全の危機に面しながら現場に残った「福島50」と海外の報道で呼ばれた工場労働者たちの勇姿に心打たれました。

不安に苛まれ先の見えない状況に直面していながらも、冷静さを失わず、尊厳と忍耐力のある国家的精神の手本を目の当たりにし、日本に心を寄り添わせ、また財的な支援もしました。

あの２０１１年３月、私はカリフォルニア州立大学フラットンのコミュニケーション学部教授でした。好天候の南カリフォルニアで椅子に座って日本の報道映像を繰り返し見ていましたが、私の知る仲間ですら災害時にあれ程までの秩序を以て対応できただろうかと思いました。

１９９５年の阪神大震災後の外部援助の拒否とは異なり、日本政府が今回受け入れた国際的な人道援助で世界の多くの国民や政府が対応したことに、私は感謝の気持ちでいっぱいになりました。

レディガガも Twitter 外交を駆使し、彼女の「小さなモンスターたち」をハッシュタグ #PrayFor]Japan に誘い、救援活動のために３００万ドルを寄付しました。そして彼女は3月11日からわずか４ヶ月後、日本が海外から来日する人たちにとって非常に安全で開かれていることを世界に示すため日本を訪れました。「日本の大多数の場所は非常に安全であることを世界中の人たちに声を大にして伝えたい。ここに来ても大丈夫。美しいです[110]」。

3月11日からちょうど1年を過ぎた頃、私は、かつて江戸と呼ばれた地にある皇居から数分の当時徳川将軍に直接奉仕していた旗本と呼ばれる武士の居住地があった六番町で、教鞭を取っていました。封建社会について深くは知りませんが、世界との関係がぎくしゃくしている近代日本が、二人の驚異的な歴史的人物の直接的影響を受けた結果であるということに早い段階で気付きました。一人目は鎖国、二人目は開国の象徴的な人物です。どちらもグローバルな学習を取り入れるための教訓を与えてくれています。

徳川家康が作った江戸幕府は1630年代に鎖国政策を確立し、江戸から1229キロ離れた長崎における中国とオランダとの貿易を除き、世界から日本を実質的に切り離した将軍です。この鎖国政策が始まった理由は、ポルトガルとスペインのキリスト教宣教師に対する異文化反応に関連しています。

キリスト教は、日本社会を破壊するとされた輸入宗教でした。キリスト教クリスチャンが、国内の軍事機関への忠誠よりも、より崇高な者への献身を象徴していることも理由のひとつかも知れません。

日本の孤立は驚異的結果をもたらしました。日本人特有の方法を開発し、独自の仕様に合わせていきました。これは、20世紀における戦後の近代日本と同様、17世紀に士農工商と呼ばれた武士を頂点とした農業、工業、商業という仕組みのように馴染み深いものです。この孤立と隔離においてもたらされた文化的ＤＮＡは、日本のグローバル化について議論する際、まるでＢＧＭのように場の雰囲気を形成していきます。

私はこの内向きな遺産が、今日の日本の課題のすべてに否定的影響を与えているとは思いません。それは複雑に交錯する祝福のようなものです。官僚制の強靭で厳格な軍事的保護の下、日本で読み書きができる人口は世界トップの30％に上り、このことは商業出版と私立学校の創設に繋がりました。

徳川時代初期、人口は１６００年の１５００万人から、１７００年の３０００万人に倍増しました。農村部の農民は人口の90％を占めました。当時都市に住んでいた商人や職人は、人々に生活の糧を直接提供していた農民のようには高く評価されませんでした。

新儒教哲学は、武士階級の覇権的かつ道徳的権威に沿って人間関係を発展させることに強い影響を与えました。

> 幕府における軍事政権下の政策は、保守的かつ権威主義的で、主に社会秩序を維持することに関心を持っていた。
>
> 新儒教主義は、忠誠心、協力、上司への従順という人間関係に焦点を当てており、「国への普遍的な忠誠」を意味し、徳川日本の階層的封建主義、特に中国儒教の「良心」の美徳は「誠実な忠誠心」という日本的解釈に容易に取り入れられた。[111]

米海軍提督が国交を迫るため黒船（黒は石炭の蒸気から出る煙だった）と共に東京湾に現れるまで、徳川幕府が平和日本を2世紀にわたり守り続けたことは、評価に値します。

ミラードフィルモア大統領は、日本天皇に送った書簡で、次のように書いています。

「私は陛下の人格と政府に対し親密な気持ちを持っていることを嬉しく思っており、日本にペリー提督を派遣した目的は、米国と日本が友好関係の下に通商貿易を行なうことに他ならない、ということをペリー提督に指示しました[112]」。

このような国交は一過性のものではなく、第二次世界大戦中の大きな決裂までの長期的関係といえるでしょう。

時間の経過とともに、日米の関わりは当然、日本が東側より西側との強い関係性を持つことに繋がりました。もはや、外人は、南からきた野蛮人でもなければ、長崎湾の扇状地に広がる出島だけに限定されなくなりました。明治維新では、西洋の道を学び、日本社会の発展のため、経済から教育に至る新しい考え方を取り込むため日本人は海外に出始めました。

次は、日本の発展を牽引した二人目の人物についてです。彼が唯一ではありませんが、今もって人々に影響を持ち続けている人物です。多くの理由から私は彼を日本のベンジャミン・フランクリンと呼んでいます。

彼の顔は一万円札に印刷されているためよく認知されています。私は、福沢諭吉氏の哲学そして日本の取り組みについて公衆に語る内容に非常に感銘を受けました。

私は日本語に精通しておらず洗練されていないかも知れませんが、時が経つにつれ日本人にとって何が最も重要なのかに対する感覚を育んできました。そのひとつは、美とコミュニケーションに対する簡素で繊細なアプローチです。実際、非常に洗練されたコミュニケーションの形だといえます。テクノロジー主導の日常環境の中では、簡素で美しいものを見落としがちです。私たちは、福沢氏が語ったように、特出した日本人の感性を忘れているのかも知れません。そして彼は、自立した思考と相互理解により革命が始まるのだと私たちを鼓舞しています。

彼は、人生の哲学者であれと私たちを勇気づけ、それは最も分かり易いすすめです。彼の最も著名な本は、日本が世界を受け入れ西洋を取り込んでいた時に執筆されたものですが、西洋を真似るべく優れた対象としてではなく、敬うべく師とすることで日本は自ら進歩していくのだとしています。また彼はこの地球上で共存する私たちの魂についても深い造詣を示しています。

日本とても西洋諸国とても同じ天地の間にありて、同じ日輪に照らされ、同じ月を眺め、海をともにし、空気をともにし、情合い相同じき人民なれば、ここに余るものは彼に渡し、彼に余るものは我に取り、互いに相教え互いに相学び、恥ずることもなく誇ることもなく、互いに便利を達し互いにその幸いを祈り、天理人道に従いて互いの交わりを結ぶべきである。[113]

なぜ私はこの引用文を、日本の情報戦争というこの本の中で共有しているのでしょう。100年前の学者、報道記者、哲学者、指導者が時を経ても変わらない価値を持っているからこそ、共有しておきたかったのです。彼らは既に答えを持っています。私には多くの答えはありません。私は観察者であり、「改善が必要とされる」課題に言及することはできますが、日本でとても恵まれた環境にいても部外者であることに違いはありません。

私は文化を観察しています。日本人が外部と内部でコミュニケーションする方法、特に日本政府が世界とコミュニケーションする方法を観察しています。これは私の専門分野です。私が福沢氏にこんなにも注目している理由は、彼が日本における最高の先生だからです。彼は私にとってもとても偉大な先生の一人です。慶応義塾大学での安倍フェローシップ・プログラムの機関で、福沢氏のグローバル教育におけるリーダーシップに関する発見がありました。もちろん私だけで彼の功績を発見できたとは思いません。

一万円札をたくさん持っているに越したことはありませんが、それ以上に、福沢氏は日本のグローバルなコミュニケーションを向上させる最高の通貨のひとつであるので、私は彼の表情が好きです。次に一万円札を目にしたら、貨幣というだけでなく広報という文脈で捉えてみましょう。

私が福沢教授を好む理由は以下の通りです。彼の著書『学門のすすめ』では、政府関係者は、役人という職位からではなく、全国民に影響を与える政策や法律において日本人を代表して行動しなければならないといっています。それはとても健全な哲学です。彼は慶應義塾大学の学生たちに公開討論に参加するよう奨励しています。これらの議論が行われた慶應三田キャンパスの建物が、演説館です。1875年に建設され、現代日本の初期に、意見交換を公開する場としての大学の役割が大切にされていた頃の象徴としての役割があります。

英語の〝speech〟という単語を「演説」と翻訳したのが福沢氏であるとされています。彼のコミュニケーションは、「教育を受けていない人でも、話を聴けば理解できる」スタイルであったそうです。日本語が話し言葉に向いていないという一般的な懐疑的見解にも拘わらず、彼は公で演説をし公開討論を行いました。[114]

これら新しい発想の仕組みを理解するためには、明治初期（1872－1876）に出版された17の冊子をまとめた福沢諭吉による『学問のすすめ』以上に重要な文献はないでしょう。

私自身、日本の通貨を初めて手に取る前から福沢氏についてよく知っていた訳ではありません。渡米した学者が、現地通貨に換金するまで、ベンジャミン・フランクリンについて多くを知らないことと似ているかも知れません。しかし、福沢氏が印刷されているお札とは違って、100ドル札のフランクリンは、ダディー（P. Diddy）が1997年に発表した*It's All About the Benjamins*の曲や、2002年発表されたラッパーのアイスキューブ（Ice Cube）が脚本を共著し出演するアクションコメディ映画*All About the Benjamins*（『グッドボーイズ』）などを通し国民的に広がりました（私は、早稲田大学での講演で財政が与える政策への影響について解説する際、カッコよく表現しようと思って〝It's All About the Benjamins〟という表現を使うという間違いを犯してしまいました。通訳者からは「済みませんが、ベンジャミンって？」と聞き返されました）。公開講座で、アメリカで一般的に使われている流行語を使用しないように気をつけなければならないのですが、キャッチフレーズや決まり文句を多く使用するのもアメリカ英語なので仕方のないことかも知れません。

福沢氏はベンジャミン・フランクリンのように楽曲や映画製作に使用されても不思議ではない程の人物です。彼は、国際的な政治家であり教育者そして公的な役割を果たしてきました。彼が人々に示した教育方針は、慶應義塾大学を創設したことによりベンジャミン・フランクリンが私立ペンシルバニア大学を設立したことに匹敵するものです。フランクリンとは異なり、福沢氏が政治に身を置くことはありませんでしたが、政治家は法律を上回ることはなく、政治家が法を重んじることは法の策定に関わった結果であり、決して政治的地位を保持した結果ではないと語っています。

このことは、徳川軍事政権に対し、民主的な杭を打つことになりました。このように、徳川と福沢は、共に日本のパブリック・ディプロマシーの歴史の中で、日本が目指す方向を示した先駆者として位置づけられます。

NICE NANCY IN NICE JAPAN

ナイスな日本にナイスなナンシー

私はナイスにこだわりがあります。実際、私はナイスということに固執しています。それは、喜び、善、カッコよさ（nice car！）などの意味を持ちますが、時に正反対の意味で使われることもあります（アーロン・ペッカム（Aaron Peckham）氏のUrban Dictionaryで〝nice〟を検索してみてください）。

もし友人があなたと誰かを結び付けようとして、相手のことを「ナイス」だと言ったら、それはデートの常套句であり期待外れな結果になる暗示かも知れません。ナイスは、実際には「退屈な」または「あまり魅力的ではありませんが、十分に心地いい」ことを意味することがあります。ナイスな人、それはディナーではなくコーヒーをご馳走する範囲の相手であり、間違っても一晩を共に過ごすような可能性はないということです。大統領候補のバラク・オバマ氏はかつて「ヒラリー・クリントン」を「好感を持つのには十分」と表現し、彼はここで本来の意味でナイスな対応をしませんでした。

私が成長する段階で、「ナンシー、ナイスね」や「ナンシーはナイスよ」とよく言われました。大人になってからは職業に関わる上で、ナイス（楽しい、親しみある、優しい）といっていただきありがたく思いますが、私の中に「ナイス・ナンシー症候群」が潜んでいることも確かです。ナイスで居続けることで疲弊することもあります。私が、作家や学者としてナイスでいることは、誰かの本の原稿に目を通したり、論文審査委員会に出席したり、大学入試の作文を読んだりするのに十分にナイスですよと多くの方々に評価いただくことに繋がっています。ここでお伝えしたいので、ナイス・ナンシーはあくまで私個人のことであり、社会的立場からきているものではないということです。それでは、時にナイスから解放されてもいいものでしょうか？　ナイスでない時があってもいいものでしょうか？

この分析を国に当てはめてみましょう。日本はそのナイスさにより世界で知られています。人々はナイスです。人々の服装もナイスです。利便性もナイス。食べ物は本当にナイスです。列車は時間通りにナイスに運行されます。小型犬は赤ちゃんのように扱われ、少し飽きた様子も見受けられますが、ナイスです。一方、クールジャパンは日本のナイスな顔ではなく、マーケティング手段です。日本の真の顔は〝Nice Japan.〟です。例えば、海外旅行について「どこかナイスな場所に行きたいです」と言うと、日本はしばしば候補のトップに上げられます。ナイスな国は、極度の貧困、内戦、大声で怒りを爆発させ、テロリズムで知られている国よりずっといいでしょう。容易に想像がつく話です。

Monocle 編集者アンドリュー・タック（Andrew Tuck）氏は、「良いマナーを持つのは難しいことではないが、品行方正な日本はナイスを芸術のレベルまで引き上げている」と語っています。彼が指摘するように、親切さや幸福に対する世界的な定義はあるものの「ナイスは測定することが難しく、単なる親切さよりも深く、より価値がある」のかも知れません[115]。

私が日本のマーケティングを担当していたら、その評価をビン詰めにして販売するでしょう。ナイスであることは素晴らしいことです。

日本に対する何と素晴らしい賞賛でしょう。そして、一見ここには何の課題もないように思われます。でも、私が触れたナイス・ナンシー症候群のことを思い出してみてください。日本にも同じことが起こり兼ねません。国家のブランド化において日本のナイスは疲弊し始めている可能性があります。日本は、勤勉な労働者や過労死、そして多くの労働者が未だ取得していない義務的な有給休暇（最低2週間）を最低でも半分を取るよう、政府が踏み込まなければならない長い就業日数で知られています。

日本のナイスは、東京2020年夏季オリンピックで試されることになります。2013年9月に東京が夏季オリンピック開催の入札で優勝したとき、イスタンブールとマドリードに対し「安全な選択」という評価で競合国を倒しました。

安倍総理は、福島原子力発電所の放射線被害について案じている世界の人々に対し、現場は「コントロールできている」とし、オリンピックを安全に成功させることを約束しました[116]。その後の調査では、福島第一原子力発電所の状況がコントロールできているという首相の公約を日本人の4分の3が信じていないと回答しています[117]。国内で政治的信頼性が疑問視されている中、日本は同じような懐疑心を含め、世界にどのように対応していくのでしょう。

2015年、自衛隊として憲法上義務付けられている日本のナイスな平和主義に対する国際的な評価を覆すという挑戦を、安倍内閣から突き付けられました。

政府が一晩明けた2015年9月19日の発表で、「日本と緊密な関係にある国」が攻撃を受けた場合に、訓練された現代的軍隊が介入するという将来を見据えた明確な主張を持った国であることを示しました。[118] ここではっきりしたことは、一貫してナイスでいることを維持するには、努力を伴うということです。

Nice Japanに対する真の評価は、おそらく首相官邸や国会に対してではなく、円安の下、来日する訪問客の活性化に貢献している最前線にいるこの国の人々に依るものだと思います。いつも笑顔で対応してくれる親切なセブンイレブンの女性や4つのクリームを慎重に混ぜ合わせてアイスエスプレッソを作ってくれるローソンのナイスな店員です。

在日英国人の一人は次のように述べています。「コンビニなどの店舗店員や駅職員こそが、2020年に来日する一大集団と接する際に最前線に立つ人々です。彼らは最も勤勉で礼儀正しく、人々を歓迎してくれます。オフィス街のホワイトカラーを横目に、この人たちが海を越えてきた野蛮人に丁重に対応してくれているのです。彼らは、五輪開催中、来日する人たちが最初に接触する日本大使として高く評価されるべきでしょう[119]」。

海を越えてきた野蛮人のイメージはさておき、この在日英国人の優れたコメントは、日常的で一般的なこれら日本の人々が、世界における日本ブランドそのものであるという点です。日本政府は、2020年に向け日本ブランドの方向性と発展に、国民の視点をより包括的に活かし、取り組むべきだと思います。

WINNING AND LOSING HEARTS AND MINDS

世界の共感を勝ち取るか失うか

日本のパブリック・ディプロマシーに関する私の活動そして研究について、先ず日本の皆さんにいつも感謝しています。この研究は、日本政府の寛大さがあって実現できました。米国務省と在東京米国大使館が後援してくれた約2週間の滞在中の講演に加え、日本政府の招待により日本を発見する機会に恵まれました。これには、日米教育委員会（フルブライト・ジャパン）、日本財団（安倍フェローシップ）、内閣府（国際青少年村、日米リーダーシップ交換委員会）が含まれます。これからお話する内容は、政府の支援により可能となった研究の結果です。

世界における日本のブランドイメージに関する私の著書と講演は、諺にある炭鉱のカナリアのようなものです。カナリアは危険を警告してくれます。私の役割も、例えば小樽の海に浮かぶガラス製ブイのようにニシンが獲れる海域を漁師に知らせるようなことかも知れません。より効果的なパブリック・ディプロマシーのために、進入禁止標識を出して警告することも、緑の信号を出して肯定的な道を示すこともできます。

今日の日本はこのカナリアのようです。自然災害、資源の乏しさ、経済の弱体化、放棄された町や村、貧困を抱えるシングルマザー等の問題は、日本だけが抱える問題ではありません。

これら問題の多くは、他の先進国の民主主義に対する挑戦でもあります。だからこそ、自国のためだけでなく、世界における日本の立場を確立するためにも、未曾有の「問題だらけ」の中で、日本自身が先ず自らを理解することが非常に重要です。そのためには、幅広い世代、資産、職業、性別からなる人々の関与が益々必要とされます。日本が世界の中でより多くの理解を得るためには、ストーリーテリングの深みと幅を広げなければなりません。

このことが日本で可能だと思うのは、異なる視点で家族と社会を理解することを教えてくれた小津と黒澤の両監督、特に『東京物語』と『生きる』の日本映画を通し初めて日本について学んだ経験からきています。

日本が自国のことを世界により良く伝えるために、いくつか私なりに謙虚な提案をしたいと思います。

1. パブリック・ディプロマシーにおいて、個々の人格や党派を超越する時期にきています。

日本ブランドを推進するには、国会の番人や首相官邸を超えた国家ブランドのための方法論が必要です。国が政治指導者に焦点を当て過ぎると、その政治家に対する個人的評価が下がれば、当然、国家の評価も下がります。最も良い例はバラク・オバマで、2015年6月時点でCNN調査の好意度が前任者のジョージ・W・ブッシュよりも低かった（45% vs 52%）ことです。[120]

ブッシュ大統領が2009年1月に辞任した時点では、わずか3分の1の有権者しか彼を評価していませんでした。政治的信用と好感度の浮き沈みはすべての政治家に起こり得ることであり、日本も例外ではありません。政治的王朝国家は、権力維持を意味し、非効率的で、また、世界的視野に基づく将来への予見が不十分なまま進んでいきます。

2. 日本のパブリック・ディプロマシーは文化振興に重きが置かれていますが、文化振興だけでは世界における日本の立場を確立できません。私が寿司を好きだからといって、日本の政策を支援するでしょうか。いいえ、それは寿司を食べるという行為だけであって、そもそも寿司は既に日本を超越しています。

30年以上前、日本の経済が絶好調の時、ピューリッツァー賞を受賞した *New York Times* の編集長ジャック・ローゼンタール（Jack Rosenthal）は、ハーバード・クラブ内に開店した寿司屋に関するコラムを書きました[121]。

「ハーバード・クラブに寿司屋があることは、日本の製造業を容認する以上のことを示唆している。本物の好奇心を喚起し、日本文化の側面を歓迎している。緩やかな、文化的融合の始まりだ」。また、男性用雑誌 *Esquire* の〝Wake Up Little Sushi〟という記事は、後にテレビのシリーズ番組になりました。

寿司は日本発祥のものですが、今日ではあらゆる種類の業界で広く展開されており（例えば、野球競技場での販売）正統な和食の象徴的意味合いが失われていってます（私は寿司の次は蕎麦に投票します。世界は蕎麦のことをあまり知りませんし、日本人は寿司以上に蕎麦を食していることを知る必要があると思います）。

寿司と日本との間には、ハローキティのようにゆるやかな関連はあるかもしれません（例えば、ハローキティのノートをイスラム教徒の戦士が使用しているなど）。一度、製品が世界市場に波及してしまうと、原産国で込められた意図を守り続けることはできません。ハローキティのノートを持った戦闘指導者が日本に愛情を抱いているとは想像すらできないでしょう。

和食は、世界の人々の間で人気があり、品質、安全性、プレゼンテーション、味などすべてにおいて高い評価を得ています。和食は現在ユネスコの無形文化遺産に登録されており、寿司は世界中で楽しまれていますが、日本の評価向上に文化を関連付けることについては、より戦略的でなければならないと思います。*Jiro Dreams of Sushi*（『二郎は鮨の夢を見る』）（２０１１）は、二郎と鮨という名前が興味を惹くだけではなく、上質な話を楽しく伝えています。

私たちの物語の多くは、空想や夢から引き出されており、日本も同じだと思います。

日本は現在、自国に関する語り部としての能力があまり評価されていませんが、ストーリーテリングを世界とのコミュニケーション向上のための主たる特徴にしていけると思います。

部分的になってしまうかも知れませんが解説してみたいと思います。多くの社会における効果的なストーリーテリングは、異なる世代間の口頭によるコミュニケーションに関連付けることができます。編みものでもしながら心地良い会話をするような情景に時として例えられます。

カナヤマ氏（１９８８）[122]は、「日本人は熟練したパブリック・スピーカーに疑念を抱く」と語っています。私自身、日本人を取材する中でも、「私たちは宣伝が上手ではない」とか「広報が得意ではない」などという言葉をよく耳にします。

3．クールジャパンを超え、商業的目的の有無に関わらず、日本の物語を世界に伝え、共有する時期にきていると思います。

クールジャパンの目的達成には、「他国の人々の共感を得る」ことが重要であり、このことを日本のパブリック・ディプロマシーキャンペーンのひとつとして掲げることです。

すべてのパブリック・ディプロマシーは政治経済および国家安全保障に基づいていますが、人が日本の漫画を購入するという行為と日本の政策に共感することとの間に強い相関関係があるかどうかは実証されていません。2014年8月に発表されたクールジャパン推進会議の報告書では、米国における禅の人気はスティーブ・ジョブズが日本の禅宗研究を取り入れたことに帰属しているとしています。

「日本の禅仏教を学んだスティーブ・ジョブズの多くの革新的製品の創造は、米国の多くの地域で禅を普及させるのにも役立っている」としています。禅仏教は一般的な習慣ではありませんが、禅という言葉はあらゆる場で使われています。アップル製品を日本の禅宗と関連付ける人はほとんどいませんし、米国でもごくわずかですが、両者の関連性において一層の飛躍を願っています。

アップルは、日本のデザインセンス（手段の経済性、洗練されたディテール）の側面でもある機能性を備えシンプルで控えめなデザインで知られていますが、世界の人々の頭の中で、日本とアップルが自動的に相関する訳ではありません。

私が高校生の時、*Zen and the Art of Motorcycle Maintenance* という本を読みました。この本は大学入学前の必読書でした。世界最大のオンライン書店、Amazon.com のページを読み進むと、本のタイトルに Zen を使用する何百もの書籍が表示されます。

料理本（禅とケーキデコレーション）、飲料（禅とトニック）、ゴルフ（禅とパーを取るための術）、弓道（禅と弓道）など様々です。そうです、禅は、今日、寿司のような常套語になっています。しかしながら、例えば英語の幼稚園という言葉〝kindergarten〟を聞いてその語源であるドイツを連想するでしょうか。

4．日本のパブリック・ディプロマシーは、政府によるよりも、むしろ国民によるものでなければならないと思います。

政府主導の国際的プロモーションは過去のものです。市民パネルなどの新しいリーダーを含む、国民を主体としたモデルが必要です。例えば米国では、陪審員として一般人を召喚することができます。

政府から制限されることなく、より多くの一般人が国益のために参画できたらどうでしょう。

何故、世界における日本の公式代表者は、第二次世界大戦の紛争や教科書改正などにおいて、政治的分裂や不協和音を強めているのでしょう。

もちろんいい意味での例外もあります。私は日本の公共外交機関であるジャパン・ハウスの積極的な展開を紹介してきました。

ニューヨーク市にあるスカンジナビア・ハウスをモデルにし、官民パートナーシップとして世界的にも影響力のある３つの主要都市、ロサンゼルス、ロンドン、サンパウロでジャパン・ハウスによる事業を創出していきます。

これらの拠点ではまだ構想を練っている段階ですが、対話、展示、会話そして商業的関与の中心になることを意図していますが、交渉人、民族、国籍の人々がマインドを育成する場所となる点が特徴的です。

特に素晴らしいと思うのは、ジャパン・ハウスの事業はそれぞれの都市の地方事務局によって率いられることです。地元の人々は、何が成功の要因になるのか魅力的なのかを知るための目や耳であり、参加する人々は地域のリーダーで、必ずしも日本の専門家ではありません。

5. 今日の情報通信技術に関する驚くべき統計をいくつかお話しします。

現在、世界の多くの人々（75%）が、ショート・メッセージ・サービス（ＳＭＳ）とインタラクティブ・ボイス・レスポンス（ＩＶＲ）の機能がある携帯電話技術を使用することができます。[123] そして２０２０年までに、６歳以上の地球の人口の90%に上昇するでしょう。

対照的に、現在、世界のわずか40％の人しかインターネットにアクセスできません。同時に、アフリカなどの大陸では、アクセス可能な人口ははるかに高くなっていくでしょう。アフリカでは、2010年の10％から増加し、現在人口のほぼ20％がオンラインになっています。アジア太平洋地域では現在3分の1がオンラインが可能です。

日本の国家ブランドはハイテクかつソフトタッチという原則を反映しています。グローバルな接続性を高め、透明性を促進するためには、その技術力を一層活用する必要があります。モバイル・メディアやソーシャル・メディアを含む新しいメディアは、日本社会における透明性を高め、世界からの関心と参加を促すのに役立ちます。これらメディアを通して、日本のパブリック・ディプロマシー担当者は、国民社会やメディアとのより良い交流を比較的低い予算で実現することができます。

6．日本は国際社会に貢献するため、透明性と説明責任の精神の下、より多くの情報を世界と共有する必要があります。

日本には、自国に関連する情報提供において、謎と秘密主義が存在しています。「情報は空白を忌嫌う」という表現があります。空白を作ってしまうと、人は自分自身の先入観や偏見によりその空間を埋めようとします。

日本は自らの言葉で世界に自己定義し、後追いで説明しようと追従する側になったり、常に防衛体制にならないことが重要です。積極性が必要です。何も言わないことが最善の場合もあります。特に日本では沈黙は金です。公衆に向け躍動的に語れる人は、より洗練され説得力があるため、むしろ信頼性が低いと捉えられてしまいます。日本人の感性は、聴衆の前で謙虚に振る舞い、むしろプレゼンテーション能力に欠ける人の価値を評価しがちです。

日本社会に関する統計やその他の情報へのアクセス可能なデータベースを構築し、多言語プラットフォームの下で推進するよう日本に提案したいと思います。私は、統計数理研究所が作成した日本の自己イメージに関する非常に興味深い構築データを見つけました。これらのデータは50年間（1958－2008年）におよぶ期間構築されており、日本人が描く自己イメージは時間を経ても非常に一貫していることを示しています。どのような単語が日本人の特性を表すかという質問に対する答えは、勤勉（55－72％）そして礼儀正しく、親切で忍耐強い（46－60％）でした。理想主義が20－32％（1958年最高）で、他には、合理的（8－22％）、自由主義（9－17％）、やさしい（11－19％）、明るい（8－23％）と続きます。最もスコアが低い単語は、創造的（7－11％）でした。クールジャパン推進協議会の報告書で紹介されていますが、2012年にアドビシステムズ社が行った英国、フランス、ドイツ、日本、米国5カ国から1000人を対象に行った調査結果によると、日本人以外の評価では、日本は最も創造的な国であり、東京は最も創造的な都市という結果でした。

一方、日本人回答者は、米国を最も創造的な国とし、ニューヨーク市を最も創造的な都市として選択しました。また、米国人回答者の大部分は、自らを創造的（52％）と認識していました。

7. 日本のパブリック・ディプロマシーは、ジョセフ・ナイ（Joseph Nye）の発言、あるいは彼が発言されたとされていること以上のものです。今日、日本が独自に学者や実務家を育成する必要性に待ったなしです。日本のパブリック・ディプロマシーのため、パブリック・ディプロマシー、PR、グローバル・メディア、世論、メディア・リレーション管理など教育機関におけるカリキュラム開発を必要としています。

これはソフトパワー対ハードパワーという図式ではありません。パブリック・ディプロマシーはすべてが力と影響力によるものです。それは国家ブランド以上のものであり、近隣諸国との協力体制と地域ブランディングによるものです。

8. 最後は、ストーリー性の強化です。世界に対する日本発信のストーリーは現在明確にはなっていません。

より多くのアピールが必要な日本の価値観は何でしょう。クールジャパン・レポートによると、世界の共感を築くことがすべてだとしています。

心情と思考に訴えるという意味かも知れませんが、それだけでは不明瞭です。ここでは戦略的計画が必要です。

公共情報キャンペーンの前に、先ず研究を進めましょう。批評家や日本愛好家のネットワークと繋がりましょう。日本のメッセージを世界に伝えるために、より多くの外国人教員を雇用しましょう。今すぐ準備を始めましょう。やるべき仕事があります。

＊本章は２０１５年6月10日、財務省にて開催されたthe Platform for International Policy（ＰＩＰＤ）で行なった講演内容の抜粋です。

NOTES
注

1　私が「日本と私のツアー」と呼んでいるものは以下の通りです。1993 International Youth Village; 1994 Japan-America Leadership Exchange Committee; 2010, 2012 US Speaker and Specialist Program, US Embassy Tokyo and U.S. Department of State; 2012 Fulbright Professor at Sophia University; 2013 Visiting Professor at Sophia University; 2013-2015 Social Science Research Council Abe Fellow, financed by the Japan Foundation.

2　http://www.dropmeanywhere.com

3　２０１６年の米ニュース・アンド・ワールド・レポートでは、クレムソン大学が全米の国公立大学の中で21位にランクインしています。カリフォルニア大学バークレー校が1位にランクインしています。

4　４人兄弟のうち長男は１９５１年生まれ。１９６９年から１９７２年までの４年間、ベトナム戦争のためのアメリカ選抜兵の抽選が行われました。１９７０年7月1日に行われた抽選は、１９５１年生まれの男性が対象でした。抽選番号が1から１２５までの間に割り当てられ、兵役に就く可能性があると分類されたすべての男性は、ベトナムでの戦役に就く可能性があることを報告するために呼び出されました。私の一番上の兄の抽選番号は２０４でした。私の２番目の長兄もベトナム戦争に参加する資格があり、１９５３年生まれの彼は１９７２年2月２日に行われた抽選で徴兵資格を得ました。彼の可能性のある入隊は１９７３年で、１９７２年以降は新たな徴兵令は出ていませんでした。

5　ＵＳＩＡがまだ独立した外務機関であった頃の魅力的な概要については、"USIA Overview Brochure, October 1998" http://dosfan.lib.uic.edu/usia/usiahome/overview.pdf を参照のこと。

6　私は、米国広報文化交流局青少年プログラム課の米国代表団の一員として参加しました。国際青少年村は、首相官邸と青少年育成国民会議が主催・運営していました。40カ国から５００人以上の参加者が集まりました。

7 米国スピーカープログラムは、毎年千人以上の米国人専門家を派遣し、海外の聴衆と直接対話する公式の公共外交イニシアチブである。

8 コスプレイヤーとは、「costume player」の略で、日本では漫画として知られている自分の好きな漫画のキャラクターや、好きなアニメ（アニメ）のキャラクターに仮装することが好きな人のことを指します。

9 Atsushi Takeda, "Japanese Middle-aged Women and the Hanryu Phenomenon," *electronic journal of contemporary japanese studies* (*ejcis*), Volume 11, Issue 2, 2011.

10 "What do you do when you reach the top?," *The Economist*, November 9, 2011, http://www.economist.com/node/21538104.

11 National Public Radio, "China Surpasses Japan as No. 2 Economy," August 16, 2010.

12 Martin Fackler, "Japanese Protester Sets Himself on Fire at Train Station in Tokyo," *New York Times*, June 29, 2014.

13 日本国憲法第九条（第二章戦争の放棄）には次のようにある。日本国民は、正義と秩序を基調とする国際平和を誠実に希求し、国権の発動たる戦争と、武力による威嚇又は武力の行使は、国際紛争を解決する手段としては、永久にこれを放棄する。前項の目的を達するため、陸海空軍その他の戦力は、これを保持しない。国の交戦権は、これを認めない。

14 Martin Fackler, "Japanese Protester Sets Himself on Fire at Train Station in Tokyo," *New York Times*, June 29, 2014.

15 Jeff Kingston, " Self-immolation Protests PM Abe Overturning Japan's Pacifist Postwar Order," *The Asia-Pacific Journal: Japan Focus*, July 14, 2014.

16 Ellis S. Kraus, Broadcasting Politics in Japan: NHK and Television News (Ithaca, New York: Cornell University Press), 3.

17 Nancy Snow, "NHK and Japanese Public Diplomacy: Journalistic Boundaries and State Interests," RIPE@2014 Conference: Public Service Media Across Boundaries, Keio University, Tokyo, Japan, August 27-29, 2014.

18 Anime News Network, "Tv5 To Start Airing Amachan Live-Action Series In Philippines," August 20, 2015.

19 "Right side up: A powerful if little-reported group claims it can restore the pre-war order," *The Economist*,

June 6, 2015.

20 Debito Arudo, "The costly fallout of tatemae and Japan's culture of deceit," *The Japan Times*, November 1, 2011.

21 Sean Bell, "Selling Japan: How Much is a Nation's Culture Worth?" Pop Matters, February 3, 2014; http://www.popmatters.com/column/178337-selling-japan-how much-is-a-nations-culture-worth/.

22 Cool Japan Fund; http://www.cj-fund.co.jp/en/about/message.html.

23 Tak Umezawa, "Column: My Cool Japan," Cool Japan Fund, April 8, 2015, http://www.ci-fund.co.jp/en/news/column/5.html.

24 Christine Reiko Yano, *Pink Globalization: Hello Kitty's Trek Across the Pacific* (Durham, NC: Duke University Press, 2013).

25 Nobuhiro Ikeda, "Omotenashi: Japanese hospitality as the Global Standard," in *Management of Service Businesses in Japan*, Yasuhiro Monden, Noriyuki Imai, Takami Matsuo and Naoya Yamaguchi, eds. (Singapore: World Scientific Publishing, 2013.)

26 Philip Brasor, "Tourists may not warm to Japan's welcome," *The Japan Times*, October 4, 2014.

27 https://www.youtube.com/watch?v=MG_k7dmt0FQ

28 "Japan, Inc.: Winning the Most Important Battle," *Time*, May 10, 1971 Vol. 97 Issue 19, p. 94.

29 Nancy Snow, "The Bit and Bricks of Japan's Soft Diplomacy," The Journal (American Chamber of Commerce in Japan), June 2015, https://journal.accj.or.jp/the-bits-and-bricks-of-soft-diplomacyl.

30 Yoshio Sugimoto, *An Introduction to Japanese Society*, Third Edition. (New York: Cambridge University Press, 2010), 148-149.

31 高橋健次郎「日本の若者 自信も希望もない?　７カ国調査で最下位」朝日新聞、２０１４年６月４日。

32 Anita Rani, host, "No Sex Please, We're Japanese," BBC Two This World documentary, October 2013.

33 Peter N. Dale, *The Myth of Japanese Uniqueness* (New York: St. Martin's Press, 1986).

34 Jean-Pierre Lehmann, The China-Japan-Korea Triangle, The Globalist, March 1, 2013. http://www.theglobalist.com/the-china-japan-korea-triangle/

35 “Japan’s demography: The incredible shrinking country,” The Economist, March 25, 2014. http://www.economist.com/blogs/banyan/2014/03/japans-demography

36 Anita Rani, “The Japanese men who prefer virtual girlfriends to sex,” BBC News Magazine, October 24, 2013. http://www.bbc.com/news/magazine-24614830.

37 “No Sex Please, We’re British,” by Anthony Marriott and Alistair Foot. (New York: Samuel French, 1973).

38 Abigail Haworth, “Why have young people in Japan stopped having sex?” The Guardian, October 20, 2013. http://www.theguardian.com/world/2013/oct/20/young-people-japan-stopped-having-sex

39 Charlotte Alter, “Japan’s Hottest New Sex Trend Is Not Having Sex: Everybody’s (not) doing it,” Time, October 22, 2013. http://newsfeed.time.com/2013/10/22/japans-hottest-new-sex-trend-is-not-having-sex/

40 Katy Waldman, “Young People in Japan Have Given Up on Sex,” *Slate*, October 22, 2013.

41 Joshua Keating, “No, Japanese People Haven’t Given Up on Sex,” *Slate*, October 23, 2015.

42 Max Fisher, “Japan’s sexual apathy is endangering the global economy,” *The Washington Post*, October 22, 2013.

43 Know More from Wonkblog, “Don’t worry. The Japanese are having plenty of sex,” *The Washington Post*, October 23, 2013.

44 “Greying Japan: The downturn,” *The Economist*, January 5, 2006. http://www.economist.com/node/5356731

45 Richard Hendy, “Yubari, Japan: A city learns how to die,” The Guardian, August 15, 2014. http://www.theguardian.com/cities/2014/aug/15/yubari-japan-city-learns-die-lost-population-detroit

46 “Love Plus Marriage,” W. David Marx, CNN Travel, November 26, 2009.

47 “My girlfriend is virtual: An American’s experience with ‘LovePlus’”, CNN Geek Out, December 9, 2011. http://geekout.blogs.cnn.com/2011/12/09/my-girlfriend-is-virtual-an-americans-experience-with-loveplus/

48 “Man arrested for placing condom full of semen in high school girl’s bag,” Japan Today, July 6, 2016.

49 2014 Global Gender Gap Report. http://reports.weforum.org/global-gender-gap-report-2014/

50 Global Gender Gap Report, World Economic Forum. Global Gender Gap Index 2015. 最高スコアは１（平等）、最低スコアは０（不平等）である。１位のアイスランドは０・８８１点、１０１位の日本は０・６７０点。

51 日本の歴史に関する他の文書は、あまり知られていないが、アジア全体、さらには世界的に見ても、日本人の人種的優越感については、同様に明らかになっている。第二次世界大戦中、厚生省研究所人口民族部は、『大和民族を中核とする世界政策の検討』という6巻、３０００ページのシリーズを数百部出版した。このシリーズは、日本の軍拡政策に根拠を与えるために１９４３年７月１日に発売されたものである。シリーズの一部は１９８０年代に再発見された。John W. Dower（1986）, War Without Mercy（New York: Pantheon Books）, pp.262-290 参照。

52 David Barboza, "China Passes Japan to Become No. 2 Economy," New York Times, August 15, 2010.

53 US Reaches Major Milestone: 100,000 American Students Study in China, July 10, 2014. 100K Strong joins Secretary John Kerry and Vice Premier Liu Yandong at the fifth Annual US-China Consultation on People-to-People Exchange in Beijing for Landmark Announcement, http://100kstrong.org/2014/07/11/us-reaches-major-milestone-100000-american-students-study-in-china).

54 私は、公共外交やグローバル広報に携わる人々の全面的な関与を望んでいるが、すべての人が国際関係に関心を持ち、ましてや関与することを期待することはできないことを知っているので、十分に合理的である。それは、私が決して強制したいと思うものではありません。

55 Jerry H. Bentley, Herbert F. Ziegler, and Heather E. Streets-Salter, Traditions da Encounters Volume 2 from 1500 to the Present, Sixth Edition（New York: McGraw-Hill, 2015）, 874-875.

56 日米ＴＯＭＯＤＡＣＨＩイニシアチブは、３・11の米軍の救出・復興対応として大成功を収めた「トモダチ作戦」から発展したものである。http://usjapantomodachi.org/

57 日本学生支援機構（ＪＡＳＳＯ）では、日本国内の留学生番号を提供しています。

58 Ken Moritsugu and Mari Yamaguchi, "No new WWII apology from Japanese leader Abe; China critical," *Associated Press*, August 14, 2015.

59 Foreign Ministry Spokesperson Hua Chunying's Remarks On Japanese Prime Minister Shinzo Abe's Statement On The 70th http://www.Fmprc.Gov.Cn/Mfa_Eng/Xwfw_665399/S2510_665401/2535_665405/T1288969.Shtml.

60 Matthew Pennington, "US experts: Abe WWII statement could help Japan-SKorea ties," Associated Press, August 18, 2015. http://news.yahoo.com/us-experts-abe-wwii-statement-could-help-japan-185317565.html

61 Wall Street Journal staff, Full Text, Japanese Prime Minister Shinzo. Abe's WWII Statement, http://blogs.wsj.

com/japanrealtime/2015/08/14/full-text-japanese-prime-minister-shinzo-abes-world-war-ii-statement).

62 Shannon Tiezzi, "China, South Korea Not Convinced By Abe's Ww2 Anniversary Speech," The Diplomat, August 18, 2015.

63 Wall Street Journal, Abe's WWII Statement.

64 Jake Adelstein And Julie Makinen, "Abe Expresses 'Grief For War, But Says Japan Can't Apologize Forever," Los Angeles Times, August 14, 2015.

65 Jeff Kingston, "Testy Team Abe Pressures Media in Japan," The Asia-Pacific Journal: Japan Focus, April 16, 2015. Kingston is Director of Asian Studies at Temple University Japan and has authored or edited many books about Japan, most recently Critical Issues in Contemporary Japan (Routledge, 2014).

66 フェミニズムの第1波は、1848年7月19日にニューヨーク州セネカフォールズで始まった。女性たちは、2日間の女性の権利条約（セネカフォールズ条約）のために州北部に集まった。

67 Michael S. Matthews and Jaime A. Castellano, Talent Development for English Language Learners: Identifying and Developing Potential (Waco, TX: Prufrock Press, 2013).

68 Anthony Kuhn, "Is 'Womenomics' The Answer To Japan's Economic Woes?" National Public Radio, December 3, 2014.

69 Nancy Snow, "Masako Kuriyama, wife of Japanese Ambassador to U.S.: A Woman of Vision," Washington International, 8 (4), Jan/Feb. 1995.

70 Japan, The Hofstede Centre, http://geert-hofstede.com/japan.html.

71 軍国主義の視点については、The COMD: Committee Opposed to Militarism and the Draft (http://www.comdsd.org/militarism.htm)、また、国際関係におけるフェミニストの代表的なテキストであるCynthia Enloe, Bananas, Beaches and Bases: Making Feminist Sense of International Politics (Berkeley: University of California Press), 2014を参照。原著は１９８９年に出版された。

72 Japan, The Hofstede Centre.

73 Japanese Culture & Etiquette Tips, Asian Business Cards. http://www.asianbusinesscards.com/japanese-culture-tips-japan.html

74 Tomomi Yamaguchi, "Gender Free Feminism in Japan: A Story of Mainstreaming and Backlash," Feminist Studies, 40 (3), 2014.

75 Alexis Dudden and Kozo Mizoguchi, "Abe's Violent Denial: Japan's Prime Minister and the 'Comfort Women," The Asia-Pacific Journal: Japan Focus, March 2007.

76 Yumiko Iida, "Abe's child care proposal draws fire from companies: Critics say plan hurts other forms of help," Japan Times, May 5, 2013.

77 Shinzo Abe, "Unleashing the Power of 'Womenomics'," Wall Street Journal, September 25, 2013.

78 Ibid.

79 Kathy Matsui, "Womenomics 4.0: Time to Walk the Talk," Goldman Sachs, May 30, 2014, http://www.goldmansachs.com/our thinking/outlook/womenomics4-folder/womenomics4-time-to walk-the-talk.pdf.

80 Yoko Sudo, "Goldman Sachs' Matsui Challenges 'Myths' of Womenomics," Wall Street Journal, July 10, 2014. See also Women in Parliaments: World Classification, http://www.ipu.org/wmn-e/classif.htm

81 Chanlett-Avery and Nelson, 2014, 2.

82 The Global Gender Gap Report 2015, http://www3.weforum.org/docs/GGGR2015/cover.pdf.

83 "Gov't lowers numerical goals for promoting women to leadership positions," The Mainichi Japan, December 4, 2015.

84 Tomoko Otake, "Womenomics Push Raises Suspicions For Lack Of Reality," Japan Times, June 15, 2014.

85 Off-Ramped Women May Be The Answer To Japan's Demographic Crisis Finds New Study From The Center For Work Life Policy, Prweb, Tokyo, Japan, November 11, 2011. http://www.prweb.com/releases/2011/11/prweb8951503.htm. See also Sylvia Ann Hewlett, Laura Sherbin, Catherine Fredman, Claire Ho, and Karen Sumberg, "Off-Ramps and On-Ramps Japan: Keeping Talented Women on the Road to Success," New York: Center for Work-Life Policy, study sponsored by Bank of America, Merrill Lynch, Cisco, and Goldman Sachs, 2011.

86 Elaine Lies, "Japan Lawmaker In Hot Water Over Sexist Remark As Government Embarks On 'Womenomics'," Reuters, June 23, 2014.

87 Tomoko Otake, "Japanese women strive to empower themselves," Japan Times, March 3, 2013.

88 Noriko Inuzuka, "Women Researchers at a Glance: Japan," White Paper on Gender Equality (WPGE) 2013, Gender Equality Bureau, Cabinet Office, Ministry of Internal Affairs and Communication, Statistical Topics, No. 80, April 14, 2014, 1-4.

89 Jeremy Diamond, "Reports: Death Threats Against Amb. Caroline Kennedy in Japan," CNN, March 18, 2015.

90 Yoshio Sugimoto, An Introduction to Japanese Society (New York: Cambridge University Press, 2010), 163.

91 Mary Jordan, "A First Lady's Secondary Role; Premier's Wife stands behind her man, typifying gender roles in modern Japan," Washington Post, April 15, 1996.

92 Suzannah Ramsdale, "Why are French Women so Damn Cool?" Marie Claire, March 13, 2014. http://www.marieclaire.co.uk/blogs/suzannah-ramsdale/543662/why-are-french-women-so-damn-cool-meet-the-16-chicest-french-ladies-ever.html

93 Roger J. Davies and Osamu Ikeno, The Japanese Mind (North Clarendon, VT: Tuttle, 2002).

94 Edward T. Hall, Beyond Culture (New York: Anchor, 1976).

95 Cole Cameron, personal communication, May 18, 2015.

96 Linda S. Wojtan, "Rice: It's More Than Food in Japan." Bloomington, IN: National Clearinghouse for United States-Japan Studies, November 1993.

97 Takashi Mochizuki, "Japan's Fancy Rice Cookers Score Abroad," Wall Street Journal, July 25, 2015, http://www.wsj.com/articles/japans-fancy-rice-cookers-score-abroad-1438024891

98 Mihaly Csikszentmihalyi, Creativity: The Psychology of Discovery and Invention (Boston: Reed Business Information, Inc., 1996), 73.

99 Yoshio Sugimoto, An Introduction to Japanese Society (Cambridge: Cambridge University Press, 2010), 15.

100 Brad Glosserman and Scott A. Snyder, "Shinzo Abe's Excellent Adventure in America," The National Interest, May 5, 2015. http://nationalinterest.org/blog/the-buzz/shinzo-abes-excellent-adventure-america-12811.

101 Michael Auslin, "Japan is America's Willing Ally," National Review, May 1, 2015. http://www.nationalreview.com/article/417750/shinzo-abe-japan-americas-willing-ally-michael-auslin.

102 Ibid.

103 The White House, US-Japan Joint Vision Statement, April 28, 2015. https://www.whitehouse.gov/the-press-office/2015/04/28/us-japan-joint-vision-statement.

104 国際交流基金（The Japan Foundation）のウェブサイトでは、グローバルな足跡について次のように述べられている。"The Japan Foundation has a global network consisting of the Tokyo headquarters, the Kyoto Office, two Japanese-language institutes (the Japan Foundation Japanese-Language Institute, Urawa, and the Japan Foundation Japanese-Language Institute, Kansai), and 24 overseas offices in 23 countries (including two Asia Center liaison offices)."

105 "Foreign visitors to Japan in 2015 reach record 19.734 million," Japan Today, January 19, 2016.

106 Rick Noack, "The future of language," The Washington Post, September 24, 2015, https://www.washingtonpost.com/news/worldviews/wp/2015/09/24/the-future-of-languagel.

107 http://www.genronnpo.net/en/was/archives/5236.html.

108 日本の世界的な大学ベンチマークであるハーバード大学では、これをテーマにしたシンポジウム "Hope as the New Normal: National Recovery Through the 3/11 Disaster,"（２０１１年10月28日）を開催した。

109 Antoni Slodkowski and Kentaro Hamada, "Tepco can't yet be trusted to restart world's biggest nuclear plant: governor," Reuters, Oct 28, 2013.

110 Barney Henderson, "Tearful Lady Gaga-san tells world Japan is safe," Daily Telegraph, June 23, 2011.

111 H. Gene Blocker and Christopher L. Starling, Japanese Philosophy, (Albany: State University of New York Press, 2001), p. 79.

112 この転換点の視覚的表現については、MIT Visualizing Culturesのオンライン展示 "Black Ships and Samurai: Commodore Perry and the Opening of Japan (1853-1854)," by Professor John Dower, 2010を参照。http://ocw.mit.edu/ans7870/21f/21f.027/black_ships_and_samurai/bss_essayo1.html.

113 Fukuzawa Yukichi, An Encouragement of Learning. Translated by David A. Dilworth. Introduction by Nishikawa Shunsaku. (New York: Columbia University Press, 2012), p. 6.（編集部注：訳文は「学問のすすめ」『日本の名著33　福沢諭吉』中央公論社、１９８４年の原文を基にしています。）

114 Ibid., p. xxii.

115 Andrew Tuck, "Nicely done," Monocle, October 2013. http://monocle.com/monocolumn/2013/nicely-done/

116 Presentation by Prime Minister Shinzo Abe at the 125th Session of the International Olympic Committee (IOC), http://japan.kantei.go.jp/96_abe/statement/201309/07ioc_presentation_e.html

117 "SURVEY: 76% don't believe Fukushima situation 'under control'; Abe support rate steady at 56%, Asahi Shimbun, October 7, 2013. http://ajw.asahi.com/article/behind_news/politics/AJ201310070064

118 Ben Ascione, "Storm Brews Over Japan's New Security Laws," East Asia Forum, August 2, 2015, http://www.eastasiaforum.org/2015/08/02/storm-brews-over-japans-new-security-laws/

119 Philip Brasor, "Tourists may not warm to Japan's Welcome," Japan Times, October 4, 2014. Comments section, GBR48.

120 Jennifer Agiesta, "Bush now more popular Than Obama," CNN, June 3, 2015. http://www.cnn.com/2015/06/03/politics/obama-approval-rating-cnn-poll/

121 "The Editorial Notebook - Sushi at the Harvard Club," Jack Rosenthal, New York Times, November 2, 1981. http://www.nytimes.com/1981/11/02/opinion/the-editorial-notebook-sushi-at-the-harvard-club.html.

122 〝(Kanayama 1988)〟は、次の書籍で引用されています。Alexander Prasol, Modern Japan: Origins Of The Mind -Japanese Traditions And Approaches To Contemporary Life. Tokyo: World Scientific Publishing, 2010.

123 Kyle Taylor and Laura Silver, Smartphone Ownership is Growing Rapidly Around the World, But Not Always Equally. Washington, DC: Pew Research Center, February 5, 2019, https://www.pewresearch.org/global/2019/02/05/smartphone-ownership-is-growing-rapidly-around-the-world-but-not-always-equally/

※ 文中の肩書き、統計の数値等は原書執筆当時のものです。

【訳者紹介】

金子みどり（Midori Kaneko）

米国ペンシルバニア州立テンプル大学日本校理事

日本で生まれ育ち，16歳の時に単身で渡米。州立ミシガン大学を卒業後帰国。25年余，グローバル企業におけるコミュニケーション分野でキャリアを積む。オグルヴィ（広告），ネスレ（飲料･食品），シティバンク（金融），GE（医療・コングロマリット），Amazon（E-commerce, Cloud Computing, Distribution, B-to-Bservices）と業界は多岐にわたる。現在，サンフロンティア（東証プライム8934）の執行役員としてグループ・マーケティング本部を統括している。

広告代理店時代から組織のマネジメントに関わり，女性初のコミュニケーション担当取締役や日本人初のAPAC地域PR統括など新しい領域に挑戦してきた。社内外のコミュニケーションおよび地域貢献活動に加え，大型のM&A案件やクライシス･コミュニケーションなども統括し，グローバル企業の一員として日本支社におけるコミュニケーション全般を歴任。

女性活躍のみならず，多様なグローバル人材の育成やダイバーシティ&インクルージョンの浸透に力を入れており，複数の非営利組織の理事を務める。日本最大のLGBTグループや障がいのある子供たちの支援などに加え，2002年からは米国ペンシルバニア州立テンプル大学日本校の理事に就任し，2009年から12年余理事会会長を務め，現在は理事。日本能率協会評議員2期を務め，また，1987年より在日米国商工会議所のメンバーとして，過去には少数派の日本人女性として理事を務めた。

目黒区在住。ジャズの生演奏鑑賞，ピアノ，エクササイズが趣味。

【著者紹介】

ナンシー・スノー（Nancy Snow）

NIKKEI Asia の外交政策オピニオンライター。フルブライト奨学生（ドイツ・フライブルク大学，日本・上智大学）を 2 回務め，大国の戦略的コミュニケーションと影響力（米国・中国）の研究・分析の第一人者である。*Foreign Policy* 誌で世界の国際関係学プログラムのトップ 10 に選ばれたアメリカン大学国際サービス学部（ワシントン D.C.）で博士号を取得した。本書は，慶應義塾大学メディア・コミュニケーション研究所の安倍フェロー兼客員研究教授としての立場から執筆されたものである。

著者のウェブサイト：http://www.nancysnow.com

日本の情報力の謎
日本の公共外交への提言

2022 年 7 月 31 日第 1 版第 1 刷発行　　検印省略

著　者――ナンシー・スノー
訳　者――金子みどり

発行者――前野　隆
発行所――株式会社 文眞堂
〒 162-0041 東京都新宿区早稲田鶴巻町 533
TEL：03（3202）8480 / FAX：03（3203）2638
HP：http://www.bunshin-do.co.jp/
振替 00120-2-96437

製　作――モリモト印刷

ISBN978-4-8309-5179-4　C3031
定価はカバー裏に表示してあります